FRANCKE

Ross Campbell

Versuch's doch mal mit Liebe

Das kleine Einmaleins der Erziehung

FRANCKE
Verlag der Francke-Buchhandlung GmbH

Die Deutsche Bibliothek - CIP-Einheitsaufnahme

Ein Titeldatensatz für diese Publikation ist bei
Der Deutschen Bibliothek erhältlich.

Originaltitel: Relational Parenting
© 2000 by Ross Campbell
Published by Moody Bible Institute of Chicago, USA
© der deutschsprachigen Ausgabe
2001 by Verlag der Francke-Buchhandlung GmbH
35037 Marburg an der Lahn
Deutsch von Eva Weyandt
Umschlaggestaltung: Henri Oetjen, DesignStudio Lemgo
Satz: Verlag der Francke-Buchhandlung GmbH
Druck: St.-Johannis-Druckerei, Lahr

Francke-Ratgeber

Inhaltsverzeichnis

Eine Vorbemerkung von Ross ...

„Noch ein Buch über Erziehung? Wir haben doch schon fünf!"
Haben Sie sich das auch gesagt, als Sie dieses Buch sahen?
Ja, noch ein Buch über Erziehung, aber es unterscheidet sich
vermutlich sehr stark von denen, die Sie schon im Bücherregal
stehen haben. Es könnte Ihnen im Umgang mit Ihren Kindern
ganz neue Wege eröffnen und eine große Hilfe sein.

Dieses Buch richtet sich an Eltern, die das nagende Gefühl in
sich spüren, dass der Erziehungsansatz, dem sie seit Jahren folgen,
nicht den versprochenen Erfolg gebracht hat. Irgendetwas ist schief
gelaufen, und Sie haben keine Ahnung, was. Und diejenigen, die
diese Methode empfohlen haben, können Ihnen keine Antworten
darauf geben, warum es nicht funktioniert. Dieses Buch ist auch
für Eltern kleiner Kinder geschrieben, die gern die Probleme vermeiden möchten, die sie bei anderen Familien erleben.

Die sich schnell verändernde Welt hält für unsere Kinder zunehmend mehr Schwierigkeiten bereit. Viele Kinder kommen aus einem guten Elternhaus und haben sehr liebe, gläubige Eltern. Doch
diese Eltern können nicht verstehen, was mit ihren einst perfekten
Familien passiert ist.

Dieses Buch will Ihnen helfen zu verstehen, was vielleicht schief
gelaufen ist. Ihr Kind besitzt eine komplizierte Persönlichkeit und
besteht nicht nur aus einem Satz verschiedener Verhaltensmuster.
Bei der Erziehung geht es nicht nur darum, Verhalten zu kontrollieren, vielmehr ist Erziehung immer auch ein Schritt auf das über-
geordnete Ziel hin: Ihrem Kind zu helfen, langfristig die Verantwortung für sein Verhalten zu übernehmen. Deswegen werden Ihre
Reaktionen auf bestimmte Verhaltensweisen Einfluss haben auf das
Selbstbild Ihres Kindes, seine Beziehungen und schließlich auch
auf sein Seelenheil. Das bedeutet, dass Sie als Eltern vorausschau-
end handeln müssen und nicht nur reagieren dürfen.

Erziehung, die in erster Linie reagiert, missachtet in der Regel die Komplexität und das Potenzial der gesamten Persönlichkeit des Kindes, das nach dem Bild Gottes geschaffen ist. In diesem Buch möchte ich Ihnen noch einmal vor Augen stellen, wie wichtig es ist, dass Eltern die Vergangenheit, Gegenwart und Zukunft ihres Kindes im Blick behalten. Ich weiß, Sie haben den Wunsch, es gleich beim ersten Mal richtig zu machen. Dieses vorliegende Buch wird Ihnen zeigen, wie Sie Ihre Kinder trotz aller Gefahren in dieser Welt zu konstruktiven und starken Menschen erziehen können.

Liebevolle Eltern, die bei der Erziehung ihres heranwachsenden Kindes vorausschauen und vorausplanen, werden die Grundlage zu einer lebenslangen Freundschaft mit ihrem Kind legen. Ich bin mir sicher, dass das Ihr großer Wunsch ist. Selbst wenn Ihnen im Augenblick die Probleme über den Kopf wachsen, gibt es Hilfe für Sie. Lesen Sie nur weiter.

Ross Campbell, M.D.
Chattanooga, Tennessee
Juli 1999

1. Zwei Erziehungsansätze

„Marie war ein so wundervolles Kind und so gut erzogen", begann ihre Mutter Beate. Sie und ihr Mann Daniel saßen in meinem Beratungszimmer. „Sie war uns eine solche Freude und machte kaum Schwierigkeiten. Unsere Freunde sagten immer, sie sei das perfekte Kind. Wir haben versucht, ihr gute Erfahrungen zu vermitteln – in der Gemeinde, durch die Musikerziehung und den Sport. Daniel hat sie sogar einmal eine Zeit lang zum Karatetraining mitgenommen.

Ab und zu hat sie sich allerdings mit ihren Geschwistern gestritten", fuhr ihre Mutter fort, „aber jetzt verstehen sie sich gut. Manchmal wirkte sie jedoch niedergeschlagen und zog sich für längere Zeit zurück, aber wir dachten, das sei eben ihre Art. Meistens war sie zufrieden und hat auch immer viele Freunde gehabt.

Sie war uns gegenüber nie respektlos, obwohl sie ihren eigenen Kopf gehabt hat. Aber natürlich war sie diszipliniert – dafür sorgte Daniel. Wie kann ein Kind, das alles bekommen hat und so gut erzogen wurde, so aus dem Ruder laufen? Wir hätten nie im Traum daran gedacht, dass sie anfangen würde, Drogen zu nehmen. Und wir können nicht verstehen, mit welchen Leuten sie sich seit ihrem Hochschulabschluss abgibt. Und dabei haben wir doch extra eine christliche Uni ausgesucht, um so etwas zu vermeiden. Und jetzt möchte sie einen illegal eingewanderten Ausländer heiraten, den Mann, von dem sie unserer Meinung nach schwanger geworden ist. Das alles ist ein schrecklicher Alptraum!"

„Wann sind Ihnen die Veränderungen bei Marie zum ersten Mal aufgefallen?", fragte ich.

„Wir bemerkten eine Veränderung, als wir sie in ihrem ersten Jahr an der Uni besuchten", erklärte Daniel. „Sie freute sich gar nicht so sehr darüber, uns zu sehen. Doch wir haben uns nicht so viel dabei gedacht, weil ihre Noten gut waren und sie sich dort wohl zu fühlen schien. Doch als ihre Noten rapide schlechter wurden, und sie anfing, andauernd ihr Hauptfach zu wechseln, wussten wir, dass es ein ernstes Problem gab. Ihren Abschluss hat sie schließlich in einem Fach gemacht, in dem die niedrigsten Anforderungen gestellt wurden."

„Hat Marie Ihnen erzählt, wie sie ihre Freizeit verbringt?"

„Das hat uns am meisten zu schaffen gemacht. Obwohl sie von verschiedenen Aktivitäten sprach, an denen sie teilnahm, hatten wir das Gefühl, nicht richtig darüber informiert zu sein, was in ihrem gesellschaftlichen und geistlichen Leben wirklich vorging. Wir lebten in dem Glauben, sie hätte sich einer christlichen Organisation angeschlossen und würde das typische Studentenleben genießen. Dass sie Drogen nahm und sich mit David eingelassen hatte, davon hatten wir keine Ahnung.

Was haben wir falsch gemacht, Dr. Campbell? Was können wir tun, um ihr zu helfen? Wir lieben sie und möchten an ihrem Leben Anteil nehmen, aber sie verhält sich uns gegenüber so kalt. Nicht richtig feindlich, aber sehr distanziert. Wir können kaum glauben, dass dies dasselbe Mädchen ist, das wir ein paar Jahre zuvor zur Uni geschickt haben."

Maries Geschichte

Als ich mich mit Marie in Verbindung setzte und sie um ein Gespräch bat, weigerte sie sich zuerst. Aber ein ihr nahe stehender Jugendpastor überredete sie schließlich, zu mir zu kommen. Vor mir saß ein hübsches zwanzigjähriges Mädchen, das sehr traurig und etwas ungepflegt wirkte. Da sie offenbar schwanger war, bewegte sie sich langsam. Auf ihrem Gesicht waren nur wenige Gefühlsregungen zu erkennen, und sie gab sich sehr zurückhaltend. Nach ein paar Minuten Smalltalk über die Uni, ihre Familie und Freunde erzählte Marie mir eine erschütternde Geschichte.

„Ich weiß gar nicht genau, wo ich anfangen soll, Dr. Campbell. Ich liebe meine Eltern und Geschwister, und ich hatte eine schöne

Kindheit. Ich habe nichts Schlimmes erlebt, wie so viele meiner Freundinnen. Ich verstehe nicht, warum ich solchen Mist gebaut habe. Ich wollte Meeresbiologin werden, habe es aber einfach nicht geschafft. Als ich die Noten, die ich brauchte, nicht erreichte, verlor ich an allem das Interesse. Obwohl ich großartige Freunde gefunden hatte und die Uni mir alle Möglichkeiten eröffnete, war ich einfach nicht glücklich dort. Meine Professoren haben versucht, mir auf jede erdenkliche Art zu helfen, aber es nützte nichts."

„Wie sah Ihr gesellschaftliches Leben vorher aus?", fragte ich.

„Während meiner Schulzeit bin ich mit ein paar Jungen ausgegangen – wie ich gerade Lust hatte, denke ich. Ich hatte keinen Sex, falls Sie das meinen, aber wir haben natürlich herumprobiert. An der Uni war es ähnlich. Ich bin mit niemandem ins Bett gegangen, bis David kam. Ich habe ihn kennen gelernt, als ich als Kellnerin jobbte, um mir etwas Geld zu verdienen. Er arbeitet als Hilfskellner – er hat noch keine Green Card. Seine Familie möchte auch in die Vereinigten Staaten kommen, und David hofft, ihnen helfen zu können, aber zuerst muss er sein eigenes Leben regeln."

„Marie, erzählen Sie mir mehr über David", bat ich.

„Nun, er ist ein wundervoller Mensch, der mich wirklich liebt. Er ist nicht sehr religiös, aber so mitfühlend. Er liebt die Menschen und möchte seiner Familie helfen. Er sagt, er würde mich aufrichtig lieben, und er hilft mir sogar, von den Drogen loszukommen. In dieser Hinsicht läuft es bei mir nicht so gut – seit sechs Monaten bin ich nun schon in Behandlung, ich komme einfach nicht davon los. Eine Zeit lang komme ich ganz gut klar, und dann fange ich wieder an. Können Sie mir helfen?"

Maries Geschichte ist nicht ungewöhnlich. Sie ist eine empfindsame, gutmütige und willige junge Frau, der es schwer fällt, selbständig zu denken. Da sie sich leicht beeinflussen lässt, wird sie von stärkeren und egoistisch veranlagten Menschen geführt. Marie ist das typische Beispiel für mangelnde Anpassungsfähigkeit unter älteren Kindern und jungen Erwachsenen – ein Phänomen, das erst in neuerer Zeit aufgetaucht ist. Wundervolle und anscheinend normale Kinder aus guter Familie, deren Eltern sich bei ihrer Erziehung die größte Mühe gegeben haben, durchleben schwere Krisen, wenn sie ins junge Erwachsenenalter eintreten. Ihre Bekannten hätten nie gedacht, dass Marie einmal ernste oder sogar lebenszerstörende Probleme haben könnte, ebenso wenig wie zahllose andere, die in ähnliche Situationen geraten sind. Wieso sind diese Kinder und Teenager so geworden? Wir glauben, die Erklärung für solche Probleme zu wissen, wenn die jungen Leute aus schwierigen Verhältnissen kommen, Missbrauch erlebt haben oder die Eltern sich haben scheiden lassen. Doch wenn sie in liebevollen und stabilen christlichen Familien aufgewachsen sind, fehlt uns jegliches Verständnis dafür.

Zwei Erziehungsansätze

Warum haben immer mehr Kinder so große Schwierigkeiten, auch Kinder aus scheinbar gutem Haus? Es gibt eindeutige, jedoch nicht einfache Antworten auf diese Frage. Die Ursache für viele dieser Probleme liegt in einem grundlegenden Bereich der Erziehung: Unsere Reaktion auf die Bedürfnisse unserer Kinder ist dafür verantwortlich. Der Umgang der Eltern mit den Bedürfnissen ihrer Kinder lässt sich durch zwei Begriffe beschreiben. Einige Eltern praktizieren den *reaktiven Erziehungsansatz*. Andere folgen einem *proaktiven Erziehungsansatz*. Der wesentliche Unterschied dieser beiden Erziehungsansätze ist folgender:

Reaktive Erziehung reagiert in erster Linie auf das, was das Kind tut.
Proaktive Erziehung beschäftigt sich vor allem mit dem, was Kinder brauchen.

Der reaktive Ansatz ist eine auf Bestrafung orientierte Erziehungsmethode. Der proaktive Ansatz hingegen richtet den Blick nach vorn und versucht, die grundlegenden Bedürfnisse der Kinder zu erfüllen. Dieser positive, proaktive Ansatz ist die effektivere Art der Erziehung.

Der Schlüssel zu effektiver Erziehung

Die Grundlage effektiver Erziehung besteht darin, das Kind grenzenlos zu lieben und ihm diese Liebe zu zeigen. Dieser Ausdruck der Liebe kann sehr unterschiedlich aussehen. Es kommt darauf an, dass die Eltern die Bedürfnisse des Kindes erfüllen und dass sich das Kind aufrichtig geliebt *fühlt.* Die grundlegenden Bedürfnisse von Kindern ändern sich nicht. Sicher, das Umfeld, die Äußerlichkeiten, die Ausdrucksarten in der Gesellschaft verändern sich – und diese Veränderungen in den vergangenen Jahrzehnten bereiten den Eltern Sorgen und können den Erziehungsauftrag sehr erschweren. Häufig scheint sich die Gesellschaft gegen das zu verschwören, was wir zu Hause erreichen wollen. Und trotz allem sollten wir uns bewusst machen: Die grundlegenden Bedürfnisse unserer Kinder verändern sich nicht. Und das wichtigste dieser Bedürfnisse ist das Gefühl, geliebt zu sein.

Die meisten Eltern lieben ihre Kinder, aber nicht alle zeigen ihre Liebe auf eine Art, die das Kind verstehen kann. Wenn Kultur oder Gesellschaft den Wertvorstellungen der Familie entspricht, können die Eltern häufig mit weniger effektiver Erziehung auskommen, da von außen ergänzend eingegriffen wird. Aber wenn die Gesellschaft nicht der Glaubensüberzeugung und den Wertvorstellungen der Eltern entspricht, ist es umso wichtiger, die Bedürfnisse der Kinder zu erfüllen.

Als Eltern, die zu Beginn dieses neuen Jahrhunderts verantwortungsbewusste Kinder mit einem guten Charakter großziehen wollen, sind Sie sich der Größe der vor Ihnen liegenden Aufgabe bewusst. Von der Schule, den Nachbarn oder der Gesellschaft können Sie keine nennenswerte Hilfe erwarten. Oft unterstützen nicht einmal Ihre eigenen Verwandten oder Ihre Gemeinde Sie in dem, was Sie zu Hause lehren und vorleben. Und ganz bestimmt können Sie nicht auf die Medien und deren Botschaften setzen.

Wir leben in einer Gesellschaft, die häufig kinderfeindlich eingestellt ist:

- In vielen Schulen herrscht Chaos. Sie sind keineswegs mehr ein sicherer Ort, wo Kinder lernen können. In den USA sind Gewalttaten an Schulen zu einem öffentlich diskutierten Problem geworden.
- Die Werbung nutzt die Schwächen und Wünsche der jungen Menschen aus.
- Die Möglichkeit der Abtreibung sorgt dafür, dass es den Müttern freigestellt wird, ein Kind zu bekommen oder nicht. Es wird ihnen eingeredet, dass Kinder entbehrlich sind. Wenn eine Frau ihr Kind nicht möchte, kann sie das Ungeborene aus dem Mutterleib entfernen lassen, um „die Bedürfnisse der Frau zu schützen", wobei aber die Bedürfnisse des Kindes völlig ignoriert werden.
- Kindesmissbrauch ist ein Krebsgeschwür in der Gesellschaft des einundzwanzigsten Jahrhunderts.[1]

All dies bedeutet, dass Sie als Eltern mehr denn je verstehen lernen müssen, was Ihre Kinder jetzt und für die Zukunft brauchen, damit Sie beständig daran arbeiten können, diese Bedürfnisse in den relativ wenigen Jahren, die Ihre Kinder bei Ihnen leben, zu erfüllen.

Welchen „Experten" dürfen Sie Glauben schenken?

In den letzten Jahrzehnten sind Eltern mit Ratschlägen zur Kindererziehung förmlich überschüttet worden. Diese Überflutung von Material ist ein recht neues Phänomen. Sie begann in den siebziger Jahren und ist im Laufe der folgenden beiden Jahrzehnte immer stärker geworden. Mittlerweile sind Erziehungsratgeber zu einem ganzen Industriezweig geworden; Herausgeber und Organisationen wetteifern miteinander darum, durch ihr Material den größten Einfluss zu gewinnen.

Wem können Sie bei so vielen Ratschläge noch glauben? Nicht alle diese „Experten" stimmen in der Antwort auf die Frage, wie man mit seinen Kindern umgehen sollte, überein. Es ist schwer, all das, was man hört und liest, richtig einzuordnen, vor allem, wenn Sie als verantwortungsbewusste Eltern das Richtige tun wollen.

Auch meine Bücher gehören zu der Fülle von Material, auch wenn sie sich von der Mehrheit der Veröffentlichungen unterscheiden. 1976 schrieb ich mein erstes Buch über Kindererziehung „Kinder sind wie ein Spiegel", weil ich den Eltern meiner jungen Patienten etwas an die Hand geben wollte. Dieses Buch und die nachfolgenden Bücher basieren auf meiner jahrelangen Erfahrung als Kinderpsychologe und Vater. Darüber hinaus stützen sie sich auf Forschungsergebnisse sowie auf die Erfahrungen vieler liebevoller Mütter und Väter, und natürlich basieren sie auch auf den Grundsätzen der Bibel. Diese Prinzipien sind in zahllosen Elternhäusern und Situationen auf der ganzen Welt erfolgreich angewandt worden.

Als ich dieses erste Buch schrieb, waren unsere eigenen Kinder drei, sieben und fünfzehn Jahre alt. Jetzt sind sie erwachsen und haben eine eigene Familie. Bisher haben sie Pat und mir eine Enkelin geschenkt, und wir hoffen auf mehr Enkelkinder. Jeden Tag danken wir Gott für unsere Kinder. Sie sind zu solchen Menschen geworden, wie wir sie uns gewünscht haben.

Da sich mein Ansatz der Kindererziehung von dem vieler Experten unterscheidet, möchte ich gern zu Beginn dieses Buches meinen Ansatz kurz skizzieren. Meiner Meinung nach können wir eine klare Differenzierung bei den Erziehungsratschlägen erkennen. Auf der einen Seite werden Eltern gedrängt, vorwiegend auf bestimmte Verhaltensweisen ihrer Kinder zu reagieren. Auf der anderen Seite fordern einige andere Kollegen und ich die Eltern auf, sich über die Lebensbedürfnisse ihrer Kinder klar zu werden und sich dann zu bemühen, diese Bedürfnisse zu erfüllen. Beim ersten Erziehungsansatz reagieren die Eltern nur auf das Verhalten ihres Kindes. Es handelt sich dabei um reaktive Erziehung, die in der Regel keine großen Erfolge bringt. Ein besserer Erziehungsansatz basiert darauf, die „Bedürfnisse vorauszuahnen". Das ist proaktive Erziehung. Effektive, auf Beziehung angelegte Erziehung ist proaktiv.

Vier Grundsteine effektiver Erziehung

Meiner Meinung nach können die Bedürfnisse unserer Kinder in vier Bereiche eingeteilt werden, die alle überaus wichtig für eine erfolgreiche Erziehung sind. Ich nenne diese Bereiche die Grundsteine effektiver Erziehung. In diesem Buch werden wir uns damit beschäftigen, inwiefern diese Bedürfnisse in vielen Fällen nicht erfüllt werden, aber auch wie Sie als Eltern mit Ihren Kindern zusammenarbeiten können, die Grundlagen für das Glück Ihrer Kinder sowohl jetzt als auch in der Zukunft zu verankern.

Der Ausdruck Ihrer Liebe muss sehr spezielle Formen annehmen, die dem Alter und der sich entwickelnden Persönlichkeit Ihres Kindes entsprechen. Ihre Liebe, die Grundlage effektiver Erziehung, muss diese vier Bedürfnisse Ihres Kindes erfüllen:

- Die emotionalen Bedürfnisse und das Bedürfnis nach Nähe
- Das Bedürfnis nach liebevoller Anleitung und Disziplin
- Das Bedürfnis nach körperlichem und emotionalem Schutz
- Das Bedürfnis nach liebevoller Anleitung zum Umgang mit dem Zorn und das elterliche Vorbild

Bei dem Versuch, die Bedürfnisse Ihrer kleinen Kinder zu erfüllen – seien sie nun zwei oder zehn Jahre alt – haben Sie Ihren Blick immer auf das Ziel gerichtet. Das höchste Ziel bei der Erziehung ist die Entfaltung der Kinder zu verantwortungsbewussten, glücklichen und erfolgreichen Erwachsenen. Dies bedeutet, dass Sie für Ihre Kinder vorausschauen müssen, da sie das noch nicht selbst tun können. Wenn Sie nur auf bestimmte Verhaltensweisen reagieren und versuchen, sie nur dann zu führen, wenn unangenehme Dinge bereits passiert sind, werden Sie bei der Erziehung immer frustriert sein, da Sie niemals Schritt halten können. Dies wiederum wird dazu führen, dass auch Ihre Kinder frustriert sind, sowohl über sich selbst als auch über Sie. Ihre Kinder brauchen Ihre Führung, Ihr Vorausahnen und Ihre Anleitung; Sie dürfen nicht nur auf das Verhalten Ihrer Kinder reagieren.

Wenn Sie Ihren Kindern in den vier oben genannten Bereichen geben, was sie brauchen, können Sie zuversichtlich sein, dass sie später gute Entscheidungen treffen werden, die sie zu einem produktiven und glücklichen Leben als Erwachsene führen werden.

Marie und die vier Grundsteine

Wir wollen uns jetzt noch einmal mit Marie und ihrer Familie beschäftigen, und zwar im Blick auf diese vier Bedürfnisse aller Kinder.

Emotionale Bedürfnisse und das Bedürfnis nach Nähe

Angemessene emotionale Nähe ist der erste Grundstein einer effektiven Erziehung. Damit die Kinder ein gutes Selbstwertgefühl entwickeln und dem Druck und dem Stress des Lebens standhalten können, müssen sie das Gefühl haben, dass ihre Eltern sie lieben und dass sie ihnen wirklich wichtig sind. Und doch haben viele Kinder und Erwachsene mit Angst, Depressionen und Minderwertigkeitskomplexen zu kämpfen. Dadurch kommen sie in unserer schwierigen, auf Wettbewerb angelegten Gesellschaft nur schwer zurecht, und viele entscheiden sich für den scheinbar leichten Ausweg – destruktives Verhalten.

Marie hat mir anvertraut, sie hätte nie das Gefühl gehabt, von ihren Eltern richtig geliebt zu werden. Verstandesmäßig weiß sie, dass ihre Eltern für sie gesorgt haben, aber sie hat sich nie richtig geliebt gefühlt. Das Erkennen dieses Gefühls war eine ziemliche Überraschung für sie, da sie in einem netten Elternhaus aufgewachsen ist, in dem ihre materiellen Bedürfnisse großzügig erfüllt wurden. Dennoch ist sie häufig verwirrt und empfindet Schuldgefühle wegen der schlechten Beziehung zu ihren Eltern. Obwohl sie sie liebt, ist sie niemals in der Lage gewesen, diese Liebe zu zeigen. Diese Unfähigkeit bringt sie dazu, sich zu fragen, ob mit ihr etwas nicht stimmt. Daher bleibt sie ihren Eltern lieber fern, und es ist ihr unmöglich, mit ihnen so zu kommunizieren, wie sie es gern täte.

Bei dem Gespräch mit Maries Eltern kam ich zu der Überzeugung, dass sie ihre Tochter sehr lieben. Aber sie hatten Angst, sie zu „verwöhnen". Das hieß, dass sie ihr vorwiegend mit Korrektur und Strafe begegneten – oder der Androhung einer Strafe. Wären sie in der Lage gewesen, ihr Verhalten Marie gegenüber einmal objektiv zu beobachten, hätten sie vielleicht begriffen, warum ihr Kind ihre Liebe nicht spüren konnte. Ihr Blick war zuerst auf Verhalten gerichtet, und sie reagierten mit Bestrafung, anstatt sich in erster Linie um Maries emotionale Bedürfnisse zu kümmern. Ein Kind ist viel leichter zu lenken, wenn es sich geliebt fühlt.

Wenn Maries Eltern das tief verwurzelte Bedürfnis ihrer Tochter nach Liebe und Zuneigung erkannt und dafür gesorgt hätten, dass ihr emotionaler Tank gefüllt war, hätte Marie vielleicht nicht solche negativen Gefühle entwickelt.[2] Sie hätte ihre Prioritäten entschlossener setzen und dem Druck besser standhalten können. Sie hätte dann erreichen können, was sie sich gewünscht hatte, anstatt sich von negativen und unterbewussten Motiven wie dem auflehnenden Zorn und dem destruktiven Verhalten bestimmen zu lassen.

Obwohl für einen geübten Beobachter offensichtlich ist, dass Marie niemals ausreichende emotionale Zuneigung bekommen hat, war ihr selbst dies überhaupt nicht klar. Die daraus entstandene Verwirrung und der Mangel an emotionaler Sicherheit haben verhindert, dass sie in der Schule und in ihren Beziehungen als junge Erwachsene ihr Bestes gab. Sie brauchte das Gefühl, von ihren Eltern aufrichtig geliebt zu sein, und dieser Mangel ist ein Grund für ihren großen Kummer.

Das Bedürfnis nach Anleitung und Disziplin

Ein reaktiver Ansatz bei der Erziehung ist scheinbar erfolgreich, wenn die Kinder noch klein sind. Darum wiegen sich die Eltern in dem Glauben, ihre Kinder würden sich gut entwickeln. Aber wenn die Eltern diese reaktiven Methoden weiterhin anwenden, schadet dies auf Dauer den Kindern und der Familie. Wenn die Kinder dann später in einen destruktiven Lebensstil abgleiten, sind die Eltern verwirrt. In Maries Familie geschah dies durch eine Überbetonung von Strafe.

Das Bedürfnis nach körperlichem und emotionalem Schutz

Jedes Kind braucht Eltern, die es vor körperlichem und emotionalem Schaden bewahren. Es ist erstaunlich, dass das Bedürfnis nach angemessenem Schutz angesichts der vielen negativen Einflüsse in unserer Gesellschaft den Eltern gegenüber heute überhaupt noch hervorgehoben werden muss. Einige dieser unaussprechlichen Gefahren für unsere Kinder sind nicht offensichtlich. Skrupellose Menschen verdienen Geld damit, dass sie Kinder hinter dem Rücken ihrer Eltern zu beeinflussen suchen.

Wir wissen, dass eine große Diskrepanz zwischen dem besteht, was Eltern von ihren Kindern glauben und was die Kinder tatsächlich tun. Dies wird deutlich in den vollkommen unterschiedlichen Ergebnissen von Studien, in denen Jugendlich gestehen, was sie tun, und die Eltern erzählen, wie sich ihre Kinder ihrer Meinung nach verhalten.

Wir danken Gott für die immer noch guten, gesunden und bereichernden Einflüsse in unserer Gesellschaft, und wir müssen uns dafür einsetzen, sie zu erhalten. Aber wir müssen uns auch über die negativen und schädlichen Einflüsse im Klaren sein, denen unsere Kinder ausgesetzt sind.

Marie hat mir zum Beispiel erzählt, sie sei nicht vor den ungesunden Einflüssen der Medien und des Internets beschützt worden. Da sie nicht in der Lage war, selbstständig zu denken, und sich nur zu gern von starken gleichaltrigen Freunden hat führen lassen, war sie nicht vorbereitet auf die Versuchungen, die auf sie einstürmten, nachdem sie nicht mehr zu Hause wohnte. Obwohl Marie in einem christlichen Elternhaus aufgewachsen ist und in ihrer Gemeinde aktiv mitgearbeitet hat, hätte sie mehr Schutz vor negativen Einflüssen unserer Gesellschaft gebraucht. Besorgte Eltern müssen eng zusammenarbeiten, um Wege zu finden, den Kindern positive Alternativen anzubieten; dazu gehören ganz sicher auch körperliche Aktivitäten. Wir brauchen die Hilfe von Gemeinden, Lehrern und führenden Persönlichkeiten des öffentlichen Lebens mit ähnlichen Wertvorstellungen.

In unserer Gesellschaft gibt es Menschen, die Kinder missbrauchen, um Geld zu verdienen oder andere Begierden zu erfüllen. Immer öfter hören wir davon in den Medien und im Internet. Kinderpornographie ist ein großes Geschäft. Als Eltern müssen wir uns dafür einsetzen, den Kindern ein gesundes Umfeld zu schaffen. Doch keiner von uns muss dies allein in Angriff nehmen. Wir können dies als eine großartige Gelegenheit sehen, uns gemeinsam als Christen für das Reich Gottes einzusetzen.

Das Bedürfnis nach liebevoller Anleitung beim Umgang mit dem Zorn und das elterliche Vorbild

Ein häufig missverstandener Bereich in der Erziehung ist der Umgang mit dem Zorn. Ich bin sogar der Meinung, dass es der schwierigste Teil der Erziehung ist, Kinder anzuleiten, wie sie mit ihrem Zorn angemessen umgehen sollen. Nur wenige Eltern können mit ihrem eigenen Zorn richtig umgehen, weil auch sie es nie gelernt haben. Und nur wenige Erwachsene sind sich darüber im Klaren, dass es ihre Aufgabe ist, den Kindern in diesem Bereich zu helfen.

In den vergangenen Jahren hat es eine ernste Eskalation von Zornesausbrüchen in der Öffentlichkeit gegeben, und wir dürfen uns nicht mehr darauf verlassen, dass die gesellschaftlichen Institutionen uns bei der Erziehung unserer Kinder helfen. Als Eltern ist es unsere Aufgabe, unseren Kindern zu zeigen, wie sie mit ihrem Zorn in der rechten Art und Weise umzugehen haben; doch die meisten von uns wissen das nicht.

Marie erzählte, sie hätte als Heranwachsende in ihrem Elternhaus viel Zorn erlebt. Ihre Eltern haben viel gestritten, und so herrschte permanent eine gespannte und ungemütliche Atmosphäre im Haus, vor allem für die Kinder. Marie hatte große Angst vor dem Zorn der Eltern, vor allem vor dem Zorn ihres Vaters. Das hielt sie davon ab, offen mit ihren Eltern zu sprechen; außerdem steigerte das ihren Groll auf die Eltern. Häufig hatte sie den Wunsch, die Gefühle ihrer Eltern zu verletzen oder sie zu verärgern und zornig zu machen. Der Groll auf ihre Eltern verwandelte sich gelegentlich in Trotz. Dennoch konfrontierte sie ihre Eltern nur selten mit diesen Gefühlen.

Es war schmerzlich für Marie, mir das alles zu erzählen, weil sie ihre Eltern aufrichtig liebt. Sie weiß, es würde sie tief verletzen, wenn sie von ihr solche Dinge hören würden. Doch auf Grund des Verhaltens ihrer Eltern hat Marie große Probleme, mit ihrem Zorn umzugehen, da sie niemals dazu angeleitet wurde. Ihre Eltern sind für sie und ihre Geschwister keine guten Vorbilder gewesen.

Den Erziehungsansatz ändern

Wenn Sie als Eltern dies lesen und denken: *Okay, ich habe Fehler gemacht, und ich weiß nicht, ob es nicht schon zu spät ist oder wo ich anfangen soll,* fassen Sie Mut. Wenn Ihr Kind noch immer zu Hause lebt, und Sie bereit sind, Ihre Erziehungsansätze entsprechend zu verändern, können Sie viel erreichen und Ihr Kind auf positive Weise auf das Leben als Erwachsener vorbereiten.

Das macht die Geschichte von Susanne und Mike und ihrem einzigen Kind Tim deutlich. Als Tim fünfzehn wurde, rief Susanne an. „Tim ist ein gutmütiger Junge, sehr gewissenhaft und vor allem, als er noch klein war, leicht zu lenken gewesen. Er kam immer sehr gut mit anderen Kindern aus, und er schloss sich auch der Jugendgruppe in unserer Gemeinde an. Mein Mann und ich haben uns um Tim keine Sorgen gemacht, bis er zwölf wurde. Er fing plötzlich an, sich im zunehmendem Maße zurückzuziehen. Er verschloss sich vor uns und anderen Leuten. Wir führten dies auf die typische pubertäre Launenhaftigkeit zurück. Doch dann wurden seine Leistungen in der Schule immer schlechter, und er wollte auch seinen Sport und die Jugendgruppe aufgeben. Darum rufe ich Sie an."

Als wir uns später zusammensetzten, stellte ich fest, dass Tims Eltern liebevolle und tief gläubige Christen waren, die sich um ihren Sohn ernsthafte Sorgen machten. Allerdings hatten sie seine Depressionen nicht bemerkt. Auch war ihnen nicht klar, dass sie durch ihren Erziehungsansatz seine Probleme noch verstärkten. Sie waren der Meinung, ein strenger Umgang mit ihrem Sohn sei überaus wichtig. Ihre Erziehung war stark reaktiv. Susanne und Mike hatten auf Tims Verhalten reagiert, anstatt ihm das zu geben, was er brauchte. Sie waren von christlichen Erziehungsbüchern beeinflusst, in denen die Betonung auf der „Disziplin" lag.

Wann immer Tim einen Fehler machte, sich falsch verhielt oder seinen Eltern missfiel, reagierten sie negativ. Dazu gehörten harte und unschöne verbale Reaktionen und häufig körperliche Bestrafung. Natürlich gehörte auch der Zorn zu ihren Reaktionen, obwohl Susanne und Mike sich dessen nicht bewusst waren. Auch spürten sie die Spannung nicht, die dies bei Tim hervorrief.

Während wir über die Situation in ihrer Familie sprachen, erkannten Susanne und Mike sehr schnell, dass sie ihr Verständnis für die grundlegenden Bedürfnisse von Kindern erweitern mussten. Sie schafften es schließlich, von der Reaktion zur Initiative zu kommen, vom Reagieren zum Geben und Tims emotionale Bedürfnisse zu erfüllen. Es dauerte eine ganze Weile, bis Tim seine Depressionen überwand.

Jetzt, ein Jahr später, konzentrieren sich Susanne und Mike noch immer darauf, in erster Linie Tims grundlegende Bedürfnisse zu erfüllen. Tim kann nun wieder er selbst sein, der fröhliche und produktive Junge, der er einmal gewesen war. Diese Geschichte hat ein gutes Ende gefunden, weil Susanne und Mike gelernt haben, auf eine erfüllende und gebende Weise zu erziehen. Mittlerweile ahnen sie Tims Bedürfnisse voraus, anstatt auf sein Verhalten zu reagieren.

Auf die Zukunft sehen

Ob unsere Kinder fünf oder fünfzehn sind, wir alle denken an den Tag, an dem sie flügge werden. In gewisser Weise ist unsere Erziehung auf diesen Tag ausgerichtet; wir versuchen, unsere Kinder darauf vorzubereiten, irgendwann die Verantwortung für sich zu übernehmen und sich in der Welt der Erwachsenen zurechtzufinden. Diese Vorbereitung geht langsam voran, ein Schritt nach dem anderen.

Heutzutage scheint dies jedoch langsamer zu sein als je zuvor. Unsere Kinder brauchen länger, um unabhängig zu werden. Dieser zusätzliche Aufwand an Zeit zieht emotionale, körperliche und finanzielle Konsequenzen nach sich. Als Eltern müssen wir uns dieses neueren Phänomens bewusst sein, damit wir gemeinsam mit unseren Kindern lernen können, positiv damit umzugehen. In einer Gesellschaft, die für unsere Kinder häufig bedrohlich und verwirrend ist, müssen wir sie auf die Zukunft vorbereiten.

Maries Eltern fiel es schwer, ihr Kind auf eine gesunde Art und Weise loszulassen, weil sie ihre vier, in diesem Kapitel bereits erwähnten, Grundbedürfnisse nicht erfüllt haben. Doch sie haben erleben dürfen, dass es nie zu spät ist, Korrekturen vorzunehmen und Gott um Hilfe für die Familie zu bitten. Gott ist der Experte schlechthin, und er kann aus der hoffnungslosesten Situation noch etwas Gutes entstehen lassen.

Marie und ihre Eltern

Maries Eltern hatten Angst, ihr Kind zu verwöhnen. Sie liebten Marie sehr und wollten sicherstellen, dass ihr Verhalten vorbildlich war. Und so setzten sie häufig körperliche Bestrafung ein, bis zu dem Punkt, dass sie sich selbst zu fragen begannen, ob sie ihr Kind nicht zu oft straften. In gewissen Phasen in Maries Kindheit wurde sie mehrmals am Tag geschlagen, weil ihre Eltern nicht wussten, wie sie anders mit ihrem Verhalten umgehen sollten. Da Marie sofort auf die Schläge reagierte, nahmen Daniel und Beate an, diese Form der Bestrafung würde „funktionieren". Und wenn sie mit ihren Freunden über das Thema Strafe sprachen, wurden sie in ihrem Verhalten ermutigt, obwohl ihnen nicht ganz wohl dabei war.

Leider versuchten Daniel und Beate nur selten auf andere Weise, Maries Verhalten zu kontrollieren. Sie dachten auch nicht über die Gründe für ihr Fehlverhalten nach. Sie verstanden ihre Tochter nicht und fanden auch keine Möglichkeiten der liebevollen Anleitung. Sie reagierten nur mit Schlagen und Zwicken auf Maries Verhalten und machten sich nicht die Mühe, ihre Gefühle oder Gedanken zu verstehen. Gelegentlich wurden gute Noten und vorbildliches Verhalten belohnt. Für sie, wie für viele Eltern heute, ging es bei der Erziehung darum, ein Kind in erster Linie durch Strafe zu kontrollieren und anzuleiten.

Da Marie ein fügsames Kind war, bereitete sie Beate und Daniel keine großen Probleme – bis sie älter wurde. Als ihr Groll und Zorn schließlich zu Tage traten, zeigte sie ihre Gefühle auf unreife, selbstzerstörerische und rebellische Weise.

Daniel und Beate sind kluge und liebevolle Menschen. Wenn sie nicht mit reaktiver Erziehung in Berührung gekommen und durch ihre Freunde darin noch bestärkt worden wären, wären sie sehr viel besser mit Marie zurechtgekommen. Sie hätten das Meiste selbst herausgefunden – zumindest hätten sie die katastrophale Situation, in die ihre Tochter geraten war, verhindern können. Und wenn Beate und Daniel klar gewesen wäre, wie wichtig Maries Bedürfnis nach Liebe und Anerkennung war, wären viele Probleme gar nicht erst entstanden.

Noch einmal die vier Grundsteine

Eine auf die Beziehung zum Kind ausgerichtete Erziehung ist den Ecksteinen des Fundamentes für ein Haus vergleichbar. Alle vier müssen in der Lage sein, das Gewicht des Lebens zu tragen, das darauf aufgebaut wird. Über diese Grundsteine haben wir bereits gesprochen:

- Die emotionalen Bedürfnisse und das Bedürfnis nach Nähe
- Das Bedürfnis nach liebevoller Anleitung und Disziplin
- Das Bedürfnis nach körperlichem und emotionalem Schutz
- Das Bedürfnis nach Anleitung beim Umgang mit dem Zorn und das elterliche Vorbild

Falls etwas davon fehlt oder eine falsche Betonung erhält, kommt es leicht zu Problemen. In vielen intakten Familien fehlt der letzte Grundstein – die Anleitung beim Umgang mit dem Zorn. Und selbst wenn die meisten Eltern ihre Kinder sehr lieben, müssen sie oft feststellen, dass ihre Liebe in den Herzen der Kinder nie wirklich ankam. Der erste Grundstein kommt oft zu kurz. Sie können sich vorstellen, wie instabil ein Gebäude ist, das auf einem solchen Fundament errichtet wird.

Wenn die Eltern auf bestimmte Verhaltensmuster ihrer Kinder nach starren Regeln reagieren, vernachlässigen sie die emotionalen Bedürfnisse ihrer Kinder. Darum erhalten die Kinder in mehreren Bereichen keine Anleitung, vor allem im Bereich der Aggressionsbewältigung. Sie entwickeln dann leicht autoritätsfeindliche Verhaltensweisen, die zu einer elternfeindlichen Einstellung und schließlich zur Ablehnung der Wertvorstellungen und Überzeugungen der Eltern führen können.

Solche Kinder haben später wenig Respekt vor rechtmäßigen Autoritätspersonen, Lehrern und Arbeitgebern. Und ist das nicht genau das, was wir in unserer Gesellschaft heute erleben? Ich wünschte von ganzem Herzen, Eltern würden sich zuerst um die emotionalen Bedürfnisse ihrer Kinder kümmern. Dann wäre eine Verhaltenskontrolle viel leichter. Und vor allem würden sich unsere Kinder dann sich selbst und Autoritäten gegenüber angemessen verhalten, und die Eltern würden eine viel befriedigendere Beziehung zu ihren Kindern entwickeln können. Das ist die Chance einer auf Beziehung ausgerichteten Erziehung.

Reaktive Erziehung, die in erster Linie versucht, Verhalten zu beeinflussen, ist scheinbar bei kleinen Kindern erfolgreich, und aus diesem Grund hat diese Form der Erziehung bei vielen Eltern eine breite Anhängerschaft gefunden. Schläge bringen bei den meisten Kindern ein schnelles Ergebnis. Sie zeigen Wirkung, zumindest eine gewisse Zeit lang. Doch wenn die Kinder älter werden und die Schläge oder andere Strafmaßnahmen fortgesetzt werden, werden sie verbittert und es entsteht der Entschluss, die Autorität und die Wünsche der Eltern zu untergraben. Die liebevollen Eltern, die der Meinung waren, das Richtige für ihre Kinder zu tun, sind dann verwirrt und entsetzt, wenn ihre Kinder destruktive Verhaltensweisen und Gewohnheiten annehmen. Diese Eltern, die ihr Bestes getan haben, bekommen Schuldgefühle, geben sich selbst die Schuld am Schmerz ihrer Kinder und suchen unablässig nach den Fehlern, die sie bei der Erziehung ihrer Kinder gemacht haben.

Was unsere Kinder brauchen

Was sind nun die wesentlichen Voraussetzungen für eine gesunde Entwicklung? Ich denke, junge Menschen

- brauchen enge und dauerhafte Beziehungen zu anderen;
- brauchen das Gefühl, als Person wertvoll zu sein;

- müssen verlässliche Grundlagen entwickeln, um fundierte Entscheidungen zu treffen;
- müssen konstruktive Neugier zeigen und Dinge hinterfragen;
- müssen Wege finden, anderen nützlich zu sein;
- brauchen den Glauben an eine viel versprechende Zukunft.

Ich denke, die folgenden Eigenschaften sollten Schüler entwickeln, um kluge Entscheidungen treffen zu können:

- gesunde Wertvorstellungen als Basis von Entscheidung und Handeln
- gesellschaftliche Kompetenzen
- Lerneifer
- positive Identität

Damit unsere jungen Leute in der Lage sind, diese vier wichtigen Eigenschaften zu entwickeln, ist auf Seiten der Eltern Hingabe nötig. Aber das stellt auch Forderungen an die Kinder und an die breitere Gemeinschaft.

Als Eltern haben wir ein geistiges und emotionales Bild von dem, was wir uns für unsere Kinder wünschen. Wenn wir über die vielen Facetten ihres Lebens nachdenken, wissen wir in unseren Herzen, dass wir ihnen die Hingabe an all das vermitteln müssen, was wir als Menschen sind, um sie auf das Leben vorzubereiten. Das bedeutet, dass wir ihre Emotionen und Launen, ihren Geist und ihren Körper wichtig nehmen. Das bedeutet auch, dass wir es als ein Vorrecht betrachten, die Bedürfnisse dieser geliebten Menschen zu erfüllen – all ihre Bedürfnisse. Das bedeutet, die vier Grundsteine fest einzubetonieren: *Wir zeigen ihnen unsere Liebe großzügig; wir leiten sie an, produktiv zu leben und Selbstdisziplin zu üben; wir bieten ihnen körperlichen und emotionalen Schutz und lehren sie einen gesunden Umgang mit ihren Aggressionen und ihrem Zorn, den wir ihnen selbst vorleben.*

Dies ist eine hohe Berufung. Sie darf nicht auf reine Verhaltenskontrolle reduziert werden. Für diese Aufgabe müssen wir unsere ganzen Kraft für jedes Kind und für die Familie als Einheit einsetzen.

Wenn wir darüber nachdenken, was wir uns für unsere Kinder wünschen, dann tun wir gut daran, uns eine kleine Familie in Bethlehem vor vielen Jahren anzusehen. Der erste Sohn dieser Familie, Jesus, „nahm zu an Weisheit, Alter und Gnade bei Gott und den Menschen" (Lukas 2,52). Eine kurze Aussage und doch liegt so viel Liebe und Anleitung hinter dieser guten Entwicklung. Was für ein wundervolles Vorbild sind Maria und Joseph für uns als Eltern. Das einundzwanzigste Jahrhundert mag sich vom ersten Jahrhundert in Palästina unterscheiden, doch Gottes Ressourcen für uns sind dieselben wie für Maria und Joseph. Und das Ziel ist dasselbe: Die Kinder zur Weisheit, Reife und Liebe zu Gott und Menschen zu erziehen.

Anmerkungen

[1] vergleiche hierzu: Ross Campbell: *Bevor der Kragen platzt*, Marburg 1997

[2] Auf den Begriff des emotionalen Tanks oder die emotionalen Bedürfnisse wird in Kapitel 2 noch ausführlich eingegangen werden. Lesen Sie als Ergänzung Gary Chapman und Ross Campbell: *Die fünf Sprachen der Liebe für Kinder*, Marburg 2001

2. Der erste Grundstein: Liebe zum Anfassen

Alle Eltern wissen, dass ihre Kinder Liebe brauchen, aber nur wenige geben ihren Kindern diese Nähe und Liebe. Um sich in allen Bereichen ihres Lebens entwickeln zu können, brauchen heranwachsende Kinder gesunde und beständige Beziehungen zu Erwachsenen, denen sie wichtig sind und die regelmäßig ihren emotionalen Tank auffüllen.

Nur wenige Kinder *fühlen* sich aufrichtig geliebt von ihren Eltern oder umsorgt. Dies ist die wichtigste Erklärung dafür, warum unsere Kinder während der Zeit des Heranwachsens persönliche Krisen durchleben. Doch wie kann das passieren, wo doch die meisten Eltern das Gefühl haben, ihre Kinder aufrichtig zu lieben?

Wie in allen menschlichen Beziehungen sprechen Taten lauter als Worte. Liebe und Sorge für die Kinder muss gezeigt, nicht nur ausgesprochen oder vorausgesetzt werden. Dafür gibt es zwei Gründe. Erstens: Wir alle fragen uns, ob wir Worten Glauben schenken können, denen keine Taten folgen. Dies trifft auf Menschen aller Altersgruppen zu, ob sie nun acht oder achtunddreißig Jahre alt sind. Allerdings können Erwachsene leichter verstehen, dass unterschwellig Liebe existiert, auch wenn die Signale nicht eindeutig sind.

Der zweite Grund, warum Liebe gezeigt werden muss, hat mit den Bedürfnissen heranwachsender Kinder zu tun. Unsere Kinder bringen emotionale Fähigkeiten und gewisse Verhaltensmuster mit auf die Welt, aber über viele Jahre hinweg müssen sie die verbale Kommunikation lernen. Das bedeutet, dass wir Eltern unseren Kindern unsere Liebe in erster Linie emotional und durch unser Verhalten zeigen müssen. Natürlich sollten wir jeden Tag unsere Liebe verbal zum Ausdruck bringen, wobei wir uns ins Gedächtnis rufen müssen, dass diese verbalen Botschaften uns Erwachsenen mehr bedeuten als einem Kind. Was wir tun, zeigt dem Kind viel mehr, dass es geliebt ist, als das, was wir sagen. Gefühle von Liebe für unsere Kinder zu haben, reicht nicht aus. Und unseren Kindern zu sagen, dass wir sie lieb haben, reicht auch nicht aus. Um unsere Liebe von unserem Herzen an ihr Herz zu übertragen, müssen wir sie zu ihren Bedingungen lieben und aktiv und offen unsere Liebe zeigen. Solche Demonstrationen der Liebe wiegen bei einem Kind sehr viel mehr als Worte. Beides gehört zusammen: das Reden und das Tun. Wenn unsere Worte gemeinsam mit unserem Handeln den Liebestank eines Kindes auffüllen, hat das Kind die energiespendende Nahrung, die es braucht, um in jeder Hinsicht stark zu werden.

Wo Liebe gezeigt wird: Im Elternhaus

Der Ort, wo Kinder in erster Linie Liebe erfahren, ist das Elternhaus.

„Die wichtigste Beziehung in der Familie ist die Ehe. Sowohl die Qualität der Eltern-Kind-Beziehung als auch die Sicherheit des Kindes hängen im Großen und Ganzen von der Qualität der Beziehung in der Ehe ab. Darum können Sie sicher verstehen, warum es so wichtig ist, Mann und Frau zu helfen, eine gute Beziehung zu haben, bevor sie versuchen, mögliche Probleme bei der Kindererziehung zu lösen." Diese Sätze schrieb ich vor fünfundzwanzig Jahren in meinem Buch *Kinder sind wie ein Spiegel,* zu einer Zeit, als der Druck auf die Familien im Vergleich zu heute beinahe harmlos erschien.

In diesem Buch werden Sie viel über bedingungslose Liebe lesen. Eine intakte Familie – in der Kinder Nähe empfinden und in der ihre emotionalen Bedürfnisse gestillt werden – verschenkt bedingungslose Liebe. Ohne die Atmosphäre der bedingungslosen Liebe fällt es Ihnen schwer, Ihrem Kind einen überzeugenden Ausdruck Ihrer persönlichen Liebe zu ihm zu vermitteln, da dieser Ausdruck der Atmosphäre widerspricht, in der Ihr Kind Tag für Tag lebt. Vielleicht gelingt Ihnen das in begrenztem Maße, doch Ihr Kind empfängt gemischte Botschaften.

Ein wichtiges Element: Bedingungslose Liebe

Richtige Liebe ist nicht an Bedingungen geknüpft. Das Fundament einer aufrichtigen Beziehung zu einem Kind ist die bedingungslose Liebe, denn nur sie gibt dem Kind emotionale und geistliche Nahrung. Nur bedingungslose Liebe kann sicherstellen, dass ein Kind nicht von unreifem Zorn, Groll, Schuldgefühlen, Depressionen, Sorgen und Unsicherheit geplagt wird. Denn nur die bedingungslose Liebe stellt die Bedürfnisse des Kindes an die erste Stelle.

In den dreißig Jahren, in denen ich nun schon mit Familien arbeite, habe ich nie eine Ausnahme zu der folgenden Regel der Kindererziehung erlebt: *Es ist unmöglich, Kinder angemessen zu strafen, wenn unsere Beziehung zu ihnen nicht von bedingungsloser Liebe geprägt ist.* Heute versuchen viele „Experten", die Eltern vom Gegenteil zu überzeugen. Einige drängen die Eltern dazu, gezielte Strafen einzusetzen. Aber wenn der Umgang mit den Kindern von Strafe bestimmt ist, kann dies Eltern und Kinder in die Katastrophe führen.

Bedingungslose Liebe gibt Ihnen die Orientierungspunkte, damit Sie wissen, wo Sie mit Ihrem Kind stehen und wie Sie am besten alle Situationen meistern, auch das Thema Strafe. Nur auf dem Fundament der bedingungslosen Liebe können Sie das Gleichgewicht zwischen zu großer Strenge und zu großer Nachsichtigkeit finden. Nur durch bedingungslose Liebe werden Sie den Respekt Ihres Kindes behalten. Nur bedingungslose Liebe macht Sie fähig, die Bedürfnisse Ihres Kindes kontinuierlich zu erfüllen und verhindert, dass die Erziehung zu einer frustrierenden und ergebnislosen Quälerei wird.

Was ist bedingungslose Liebe?

Bedingungslose Liebe bedeutet, ein Kind zu lieben, egal was es tut, ungeachtet seiner Fähigkeiten, Talente, seines Aussehens oder seiner Persönlichkeitszüge. Ungeachtet dessen, an wen das Kind Sie vielleicht erinnert. Ungeachtet seiner Geschichte. Ungeachtet Ihrer Erwartungen an das Kind. Und, was besonders schwierig ist, egal wie es sich verhält – egal wie es handelt. Das bedeutet natürlich nicht, dass Sie sein Verhalten immer mögen müssen. Es bedeutet, dass Sie das Kind immer lieben, auch wenn Ihnen sein Verhalten nicht gefällt.

Bedingungslose Liebe ist ein Ideal, nach dem Eltern kontinuierlich streben sollten. Nur Gott kann wahrhaft bedingungslos lieben. Nur er liebt uns immer, auch wenn wir seine Liebe nicht verdient haben. Als Eltern können wir dies nicht erreichen, aber wir können unsere Kinder die meiste Zeit lieben. Je näher wir dem Ideal kommen, desto bessere Eltern werden wir.

Als unsere Kinder noch klein waren, wünschte ich, Pat und ich hätten sagen können: „Wir lieben unsere Kinder immer, in jeder Situation, egal wie sie sich verhalten." Aber wie alle Eltern konnten wir das nicht. Und doch haben wir immer wieder neu versucht, das Ziel der bedingungslosen Liebe zu ihnen zu erreichen.

Vielleicht hilft es Ihnen, sich die Dinge klarzumachen, die Pat und ich uns immer wieder ins Gedächtnis rufen mussten:

1. Sie sind Kinder.
2. Sie neigen dazu, wie Kinder zu handeln.
3. Kindisches Verhalten ist meistens unangenehm.
4. Wenn ich meine Aufgabe als Elternteil erfülle und sie trotz ihres kindischen Verhaltens liebe, werden sie einmal in der Lage sein, reif und erwachsen zu werden und ihr kindisches Verhalten aufzugeben.
5. Wenn ich sie nur liebe, wenn sie mir gefallen, fühlen sie sich nicht wirklich geliebt. Dies wiederum verunsichert sie, ihr Selbstwertgefühl nimmt Schaden, und sie können sich nur

schwer zu einer reifen Persönlichkeit entwickeln. Darum ist ihr Verhalten und seine Entwicklung genauso sehr meine Verantwortung wie ihre.

6. Wenn ich sie bedingungslos liebe, fühlen sie sich angenommen und sind mit sich im Einklang. Dann können sie später ihre Ängste kontrollieren und ihr Verhalten steuern.

Während der Zeit, als wir uns als Eltern um bedingungslose Liebe zu unseren Kinder bemühten, habe ich meine Anliegen immer wieder im Gebet vor Gott gebracht. Die Zukunft meiner Kinder hing von diesem Fundament ab. Und das ist auch bei der Zukunft Ihrer Kinder so.

Die Empfindsamkeit eines Kindes

Die Gefühle eines Kindes sind äußerst empfindlich. Schon gleich nach der Geburt kann ein Kleinkind die Gefühle der Mutter spüren. Wenn das Kind auch nur die Spur einer Ablehnung von der Mutter und später von anderen empfindet, wird es in seiner Entwicklung gestört. Dies kann sich auf das Stillen und den Schlaf auswirken, es kann das Kind ängstlich und unglücklich machen. Wenn die Mutter zum Beispiel irgendwie beunruhigt, krank oder deprimiert ist, spürt dies das Kind. Es deutet die Gefühle der Mutter als Ablehnung, obwohl eigentlich etwas anderes der Grund ist.

Die ersten Eindrücke der Welt nimmt das Kind durch seine Gefühle wahr, lange bevor die Eltern oder das Kind selbst irgendeine Kontrolle über sein Verhalten haben. Der emotionale Zustand des Kindes bestimmt, wie es seine Welt, seine Eltern, sein Elternhaus und sich selbst sieht oder empfindet. Das bedeutet, wir müssen uns zuerst um seine emotionalen Bedürfnisse kümmern.

Ein Fundament aus bedingungsloser Liebe bereitet den Boden für alles andere, was im Leben eines Kindes folgt. Wenn es seine Welt als feindlich, ablehnend und lieblos empfindet, dann wird die Angst, der große Feind, zu einem riesigem Problem werden und sein Leben in fast allen Bereichen behindern. Sie wird seine Beziehungsfähigkeit zu anderen beeinträchtigen, seine Fähigkeit zu lernen, richtig zu sprechen und das eigene Verhalten zu kontrollieren. Übermäßige Angst macht ein Kind empfänglich für negative Einflüsse in unserer Kultur. Eine reaktive Erziehung lässt dieses so wichtige Fundament außer Acht. Wenn wir positives Verhalten belohnen und negatives bestrafen, dann ist unsere Liebe an Bedingungen geknüpft. Und Liebe, die an Bedingungen geknüpft ist, kann einem Kind niemals geben, was es eigentlich braucht – von der Person abhängige Akzeptanz, Liebe und Fürsorge. Sie konzentriert sich zu sehr auf das Verhalten, ohne dem Kind zuerst zu geben, was notwendig ist, damit es normal auf Korrektur reagieren kann. Ohne dieses Fundament der Liebe wird das Kind schließlich aggressiv und nimmt eine rebellische Haltung den Eltern gegenüber ein, obwohl dies vielleicht erst als junger Erwachsener zu Tage tritt.

Der emotionale Tank Ihres Kindes

Der Begriff des emotionalen Tanks ist eine bildhafte Beschreibung der emotionalen Bedürfnisse Ihres Kindes, die durch Ihre Liebe, Ihr Verständnis und Ihre freundliche Erziehung erfüllt werden. Der Pegel dieses Tanks wirkt sich auf zweierlei Weise im Leben Ihres Kindes aus. Er bestimmt seine emotionale Verfassung – ob es ängstlich, zufrieden, zornig, fröhlich, deprimiert oder glücklich ist. Dieser Aspekt wird bei der reaktiven Erziehung größtenteils vernachlässigt.

Darüber hinaus hat der Pegel des emotionalen Tanks ebenfalls Einfluss auf das Verhalten des Kindes. Er beeinflusst stark seine Reaktion auf Anleitung und Disziplin; er bestimmt, ob das Kind gehorsam, ungehorsam, weinerlich, forsch, spielerisch oder zurückgezogen ist. Je mehr Sie den emotionalen Tank gefüllt halten, desto positiver sind die Gefühle und das Verhalten Ihres Kindes.

Eine wichtige Aussage zur Erziehung: *Nur wenn der emotionale*

Tank Ihres Kindes gefüllt ist, kann es sich gut verhalten oder sein Bestes geben. In wessen Verantwortungsbereich fällt es, diesen emotionalen Tank gefüllt zu halten? Dafür sind die Eltern da. Das Verhalten Ihres Kindes ist ein guter Indikator für den Pegel seines emotionalen Tanks. Natürlich sind Anleitung und Disziplin wichtig, aber sie sind häufig viel schwieriger und oft nutzlos, wenn der emotionale Tank leer läuft. Nur wenn er gefüllt ist, kann das Kind wirklich glücklich sein, sein Bestes geben und angemessen auf Disziplinierung und Bestrafung reagieren.

Wenn wir beten: „Gott, hilf uns, die Bedürfnisse unseres Kindes zu erfüllen, wie du unsere Bedürfnisse erfüllst", dürfen wir sicher sein, dass er das tun wird. In Philipper 4,19 lesen wir: „Mein Gott aber wird all eurem Mangel abhelfen nach seinem Reichtum in Herrlichkeit in Christus Jesus."

Kinder haben nicht die Fähigkeit, von sich aus Liebe zu initiieren. Sie geben die Liebe zurück, die sie bekommen. Wenn sie keine Liebe bekommen, haben sie nichts zu geben. Wenn sie bedingungslos geliebt werden, lernen sie, bedingungslose Liebe widerzuspiegeln und zurückzugeben. Die Quelle dieser Liebe und der Sehnsucht danach ist Gott, und das Gefühl für die Notwendigkeit, den Liebestank unserer Kinder mit dieser Liebe zu füllen, kommt von Gott. (Lesen Sie 1. Johannes 4,19 und Sprüche 3,5-6.)

Erinnern wir uns an Marie

Genau das war der Grund für die Verwirrung, die Marie empfand, die wir im ersten Kapitel kennen gelernt haben. Die Liebe zwischen Marie und ihren Eltern war von Bedingungen abhängig. Daniel und Beate zeigten ihr Liebe, wenn sie etwas tat, das ihnen gefiel. Sonst kritisierten sie andauernd ihr Verhalten, weil sie dachten, das würde Marie motivieren, es besser zu machen. Wenn sie eine Zwei nach Hause brachte, fragten sie, warum sie keine Eins geschrieben hätte. Obwohl Daniel und Beate Marie liebten, konnten sie ihre Liebe durch ihr Verhalten nicht richtig zeigen.

Als Folge davon waren Angst und Verwirrung Maries ständige Begleiter. Tief in ihrem Innern wusste sie, dass ihre Eltern sie liebten, aber sie hatte diese Liebe nie *gespürt*. Sie sehnte sich nach einer nahen und herzlichen Beziehung zu ihren Eltern, aber tragischerweise war sie nie sicher, wo sie mit ihnen stand, weil sie immer nur ihre kritische und an Bedingungen geknüpfte Liebe zu spüren bekam. Die Eltern hofften, Marie zu besseren Leistungen und einem vorbildlichen Verhalten anspornen zu können, wenn sie ihre Zuneigung und Liebe für die Gelegenheiten aufsparten, wo Marie gute Leistungen zeigte. Marie dagegen war ein Durchschnittskind mit durchschnittlichen Begabungen; nur selten erbrachte sie außergewöhnliche Leistungen, darum bekam sie auch nur selten als Person echte Anerkennung und Bestätigung.

Wie so viele Eltern hatten Daniel und Beate Angst, ihr Kind zu „verwöhnen". Und sie tappten in die Bestrafungsfalle. Sie waren nicht in der Lage, Maries emotionalen Tank gefüllt zu halten, darum konnte sich auch keine innige, tiefe Vertrauensbeziehung zu ihr aufbauen.

Ihr Erziehungsansatz schien gut zu funktionieren, solange Marie noch klein war. Doch als sie älter wurde, ging ihr allmählich auf, dass ihre Eltern sich nicht so sehr um ihre Bedürfnisse kümmerten wie um ihr eigenes Ansehen als Eltern. Als Marie dann ins Teenageralter kam, hatte der Mangel an bedingungsloser Liebe seinen Tribut gefordert. Marie empfand Groll ihren Eltern gegenüber und war entschlossen, ihre Autorität zu untergraben, indem sie das Gegenteil von dem tat, was sie von ihr erwarteten. Da sie immer ein sehr fügsames Kind gewesen war, konnten Daniel und Beate diese plötzliche Wende überhaupt nicht begreifen. Marie hatte nie gelernt, ihre Eltern bedingungslos zu lieben, darum verhielt sie sich jetzt nur so, wie es ihnen gefiel, wenn sie etwas taten, das ihr gefiel. Und da sich Daniel und Beate Marie gegenüber immer gleich verhielten, brachte keiner von ihnen dem anderen Liebe entgegen, weil sie alle darauf warteten, dass der andere etwas tat, das ihnen gefiel.

Was für ein Chaos! Und doch erleben wir so etwas immer wieder, wenn Kinder zu Erwachsenen werden und sich noch immer in der normal passiv-aggressiven Phase befinden. Damit wollen wir uns in einem späteren Kapitel noch intensiver beschäftigen. Daniel und Beate waren schließlich so verwirrt und verzweifelt, dass sie sich nach fremder Hilfe für ihre Familie umsahen. Sie versanken immer tiefer in Frustration und Hoffnungslosigkeit. Einige Freunde hatten sie ermuntert, noch strenger mit Marie umzugehen und Respekt und Gehorsam einzufordern. Andere sagten, sie müsse eben die Konsequenzen für ihr Fehlverhalten tragen und daraus lernen.

Es ist niemals zu spät für eine Umkehr. Gott ist freundlich und möchte, dass unsere Familien gesund sind. Es zahlt sich immer aus, niemals aufzugeben, auch wenn das Problem noch so schwerwiegend erscheint. Es lohnt sich, unsere Kinder bedingungslos zu lieben und ihnen durch schwierige Zeiten hindurchzuhelfen. Viele Kinder heute haben das Gefühl, dass ihrer Persönlichkeit etwas Wesentliches fehlt, obwohl sie das vielleicht auf anstößige Weise äußern. Was ihnen fehlt, ist die Erfahrung bedingungsloser Liebe. Ihnen wurde der gefüllte emotionale Tank vorenthalten, und ihnen fehlt der Brennstoff, den sie brauchen, um erfolgreich durch die Windungen des Lebens zu steuern.

Wie zeigt man bedingungslose Liebe?

Vier wichtige Verhaltensweisen von Eltern signalisieren Kindern bedingungslose Liebe. Drei davon wollen wir uns in diesem Kapitel ansehen als Möglichkeit, unsere Liebe in die Tat umzusetzen. Mit der vierten werden wir uns im folgenden Kapitel beschäftigen.

Blickkontakt

Jedes Kind ist ständig auf der Suche nach der Liebe seiner Eltern. Wenn der Pegel seines emotionalen Tanks niedrig oder sogar leer gelaufen ist, fragt es durch sein Verhalten: „Liebst du mich?" Dies tut es auch durch Blickkontakt. Es sagt vielleicht: „Mami, sieh mich an!", oder „Vati, sieh mich an!" Dies ist ein Ausdruck eines Bedürfnisses. Ihr Kind möchte Ihre Liebe und Aufmerksamkeit.

Es ist leicht, liebevollen Blickkontakt aufzunehmen, und doch tun dies nur wenige Eltern, weil sie sich seiner Bedeutung nicht bewusst sind. Je mehr die Eltern liebevollen Blickkontakt mit einem Kind aufnehmen, um ihm ihre Liebe zu zeigen, desto voller ist der emotionale Tank des Kindes.

Bei unseren Gesprächen mit Erwachsenen möchten wir, dass sie uns ansehen. Wir neigen dazu, Menschen zu bevorzugen, die in der Lage sind, während unseres Gesprächs durchgängigen, angenehmen Blickkontakt mit uns zu halten. Manche Leute können dies nicht, weil sie als Kinder solchen Blickkontakt von ihren Eltern nicht bekommen haben. Und in der Regel sind sie sich ihres Handicaps gar nicht bewusst.

Mütter und Väter, die sich für eine reaktive Erziehung entschieden haben, nehmen liebevollen Blickkontakt vielleicht nur auf, wenn das Kind sich richtig verhält und sie mit Stolz erfüllt. Diese Art der an Bedingungen geknüpften Liebe kann zerstörerische Auswirkungen haben. Wir müssen uns in Erinnerung rufen, dass Blickkontakt eine wichtige emotionale Nahrungsquelle für das Kind ist. Wenn Eltern ihn vorwiegend negativ einsetzen, muss ein Kind seine Eltern unwillkürlich negativ sehen. Ein kleines Kind ist vielleicht noch gehorsam und fügsam, weil es Angst hat. Doch wenn es älter wird und sich noch immer ungeliebt fühlt, wird diese Angst häufig zu Zorn und Groll und führt manchmal auch zu Depressionen.

Bei meinem Gespräch mit Marie merkte ich, dass es ihr schwer fiel, kontinuierlichen und angenehmen Blickkontakt zu halten. Da sie sich dessen bewusst war, versuchte sie, dieses Problem zu korrigieren; wenn sie unter Stress stand, gelang ihr dies jedoch nicht.

Viele Eltern machen den Fehler, den Blickkontakt zum Kind zu meiden oder abzubrechen, um Missbilligung zu zeigen oder zu strafen. Dies ist eine durchaus übliche, aber auch eine sehr grausame Art der Strafe und für das Kind überaus schädlich. *Blickkontakt sollte kontinuierlich eingesetzt werden, um Liebe zu geben.* Kinder lernen zu leben durch das Vorbild der Eltern. Wenn sie beständigen, unerschütterlichen Blickkontakt bekommen, lernen sie Blickkontakt auf gesunde Weise einzusetzen.

Wir wissen, dass die Augen eines Babys nach zwei bis vier Wochen anfangen, Dinge wahrzunehmen. Das erste Bild, das die Aufmerksamkeit eines Kindes fesselt, ist das Gesicht eines Menschen, vor allem die Augen. Wenn das Kind seinen Blick fokussieren kann, sucht es nach anderen menschlichen Augen. Zuerst können dies alle möglichen Augen sein, doch schon bald sucht es in erster Linie nach den Augen seiner Mutter. Seine Augen suchen wie eine Radarantenne. Wenn sie ihr Ziel finden, andere Augen, dann halten sie es fest. Bereits in diesem zarten Alter sucht das Kind emotionale Nahrung, versucht, seinen emotionalen Tank zu füllen.

Und noch bevor das Kind seine Augen kontrollieren kann, bekommt es durch den Blickkontakt seiner Mutter emotionale Nahrung, denn seine Augen sind so gestellt, dass es während des Stillens der Mutter in die Augen sieht. In diesen ersten Monaten lernt das Kleine so viel über diese Welt. Die Grundzüge seiner Persönlichkeit, seine Art zu denken und zu sprechen und andere Wesenszüge werden bis zum Alter von fünf Jahren festgelegt sein. Der liebevolle Blickkontakt ist eine so einfache Gabe an das Kind, und doch so wichtig für seine Entwicklung.

Körperkontakt

Wie liebevoll ist körperliche Zuneigung, doch nur wenige Kinder bekommen angemessenen Körperkontakt von ihren Eltern. Die meisten Eltern berühren ihre Kinder nur, wenn sie müssen – wenn sie sie baden oder anziehen oder sie in den Wagen setzen. Gelegentlich werden sie in den Arm genommen oder bekommen einen Kuss, das war's dann. Wenige Eltern nehmen die Gelegenheiten wahr, den emotionalen Tank ihres Kindes ohne großen Aufwand gefüllt zu halten. Wenn Körperkontakt zusammen mit Blickkontakt eingesetzt wird, wird sich das Kind umso mehr geliebt fühlen.

Wenn ich von Körperkontakt spreche, meine ich nicht nur Umarmen und Küssen, zwei Formen des Körperkontakts, die nicht unablässig eingesetzt werden können. Ich spreche von allen möglichen Arten des Körperkontakts – ein Kind an der Schulter oder am Arm berühren, ihm durchs Haar fahren, seinen Rücken kraulen oder ihm einen leichten Rippenstoß versetzen. Alle diese Begegnungen sagen dem Kind, dass Sie es lieben; sie halten seinen emotionalen Tank gefüllt. Und wenn wir dies tun, wann immer sich uns die Gelegenheit dazu bietet, zeigen wir damit dem Kind unsere bedingungslose Liebe.

Inzwischen weiß man, dass Berührung körperliches Wachstum sowie geistiges Wohlbefinden fördert. Untersuchungen haben ergeben, dass zu früh geborene Babys, die dreimal am Tag fünfzehn Minuten lang langsam und fest gestreichelt wurden, 47 Prozent mehr Gewichtszunahme zu verzeichnen hatten als andere Babys, die diese Zuwendung nicht erhielten. Die massierten Babys zeigten auch bessere Schlafphasen, waren wacher und aktiver. Acht Monate später verfügten sie über größere geistige und körperliche Fähigkeiten.

Sie können Blick- und Körperkontakt ganz natürlich in ihren täglichen Umgang mit Ihren Kindern einfließen lassen. Diese Art der Zuneigung, zufällig, häufig und angemessen, ist ein kostbares Geschenk für sie. Zusammen mit der dritten Komponente, der ungeteilten Aufmerksamkeit, ist dies eine höchst effektive Art, den emotionalen Tank Ihres Kindes zu füllen und es zu befähigen, sein Bestes zu geben.

Leider bekam Marie diese Art von Blick- und Körperkontakt von ihren Eltern nicht. Sie fühlte sich nie sicher und suchte immer nach Zuneigung von anderen – die Zuneigung, die sie von ihren Eltern hätte bekommen sollen. Dies machte sie empfänglich für die Tragödien, die sie später durchlebte.

Körperkontakt zahlt sich bei heranwachsenden Kindern aus: Ihre Pubertät verläuft in der Regel viel einfacher und fröhlicher. Teenager, die als Kinder viel Körperkontakt bekamen, werden keine Probleme damit haben. Auf diese Weise bleibt ihr emotionaler Tank gefüllt, vor allem wenn sie weniger mitteilsam werden. Wenn sie dem Blickkontakt und der ungeteilten Aufmerksamkeit widerstehen, könnten Sie durch den Körperkontakt ihren emotionalen Tank gefüllt halten und ihnen das Gefühl geben, geliebt zu sein.

Ein Wort zu den Reaktionen Ihres Kindes während der Teenagerzeit: Teenager erleben häufig Phasen, in denen sie mit ihren Eltern nicht zusammen sein und nicht mit ihnen reden wollen. Aber auch dann ist es sehr wichtig, dass die Eltern ihren emotionalen Tank gefüllt halten. Das ist nicht leicht, wenn die Teenager sich lieber zurückziehen. Doch in solchen Phasen ist es häufig möglich, den Körperkontakt zum Kind aufzunehmen. Teenager in einer solchen Stimmung sind normalerweise so in ihre Gedanken versunken, dass sie eine zufällige Berührung der Eltern kaum wahrnehmen. Ihre Berührungen sollten deswegen aber nicht weniger werden.

Durch den Körperkontakt können Sie Ihrem Kind bedingungslose Liebe geben. Sie können ihn auf so viele verschiedene Weise einsetzen. Es gibt noch viel mehr Möglichkeiten als die von mir bereits genannten.

Ungeteilte Aufmerksamkeit

Ein dritter Weg, das Bedürfnis Ihres Kindes nach Liebe zu erfüllen, ist die ungeteilte Aufmerksamkeit. Diese erfordert mehr Bemühungen auf Ihrer Seite als Blick- und Körperkontakt. Sie brauchen Zeit dafür, von der Ihnen vielleicht wenig zur Verfügung steht. Sie kann auch von Ihnen gefordert werden, wenn Sie überhaupt nicht bereit sind, sie zu geben – wenn Sie müde sind, sich unwohl fühlen oder arbeitsmäßig unter Druck stehen.

Ungeteilte Aufmerksamkeit bedeutet, dass Sie Ihrem Kind voll und ganz zur Verfügung stehen, damit es sich aufrichtig geliebt weiß. Es ist ein Versuch, dem Kind das Gefühl zu geben, für Sie der wichtigste Mensch auf der Welt zu sein. Das Kind fühlt sich so wertvoll, weil es die volle, ungeteilte Aufmerksamkeit von seinen Eltern bekommt.

Sie fragen sich vielleicht, ob unablässige ungeteilte Aufmerksamkeit Ihr Kind nicht „verwöhnt". Doch seien Sie unbesorgt. In den Evangelien lesen wir, wie Jesus zu Kindern gestanden hat: „Und sie brachten Kinder zu ihm, damit er sie anrühre. Die Jünger aber fuhren sie an. Als es aber Jesus sah, wurde er unwillig und sprach zu ihnen: Lasst die Kinder zu mir kommen und wehret ihnen nicht; denn solchen gehört das Reich Gottes. ... Und er herzte sie und legte die Hände auf sie und segnete sie." (Markus 10,13-16)

Jesus schätzte Kinder und hatte nicht den Eindruck, seine Zeit zu vergeuden, wenn er sich ihnen widmete. Auch im Alten Testament wird den Kindern großer Wert beigemessen. „Siehe, Kinder sind eine Gabe des Herrn, und Leibesfrucht ist ein Geschenk." (Psalm 127,3) Als Esau seinen Bruder Jakob nach vielen Jahren der Trennung wieder trifft, fragt er: „Wer sind diese bei dir?" Und Jakob antwortete: „Es sind die Kinder, die Gott deinem Knecht beschert hat." (1.Mose 33,5)

Wenn Sie außergewöhnliche Eltern sein wollen, schenken Sie Ihren Kindern Ihre ungeteilte Aufmerksamkeit. Dadurch erfüllen Sie das vordringlichste Bedürfnis Ihres Kindes. Leider fällt es vielen Eltern schwer, dieses Bedürfnis zu erkennen, geschweige denn, es zu erfüllen. Leichter ist es, die ungeteilte Aufmerksamkeit durch Begünstigungen und Geschenke zu ersetzen. Das erfordert viel weniger Zeit und Energie.

Aber auf die Dauer ersparen Sie sich viel Zeit, Energie und Kummer, wenn Sie die Zeit einsetzen und Ihrem Kind Ihre ungeteilte Aufmerksamkeit schenken. Es wird nicht nur sein Bestes tun und sich angemessen verhalten, auch Ihre Beziehung zu Ihrem Kind wird gut sein. Und in späteren Jahren werden Sie sich nicht um den Schaden kümmern müssen, der entsteht, wenn dieses Bedürfnis vernachlässigt wird.

Prioritäten setzen

Unsere Kinder brauchen unsere Zeit. Doch als Eltern sind wir gleichzeitig Hausbesitzer, Angestellte, Mitglieder in der Gemeinde und Bürger unserer Stadt. Wir kommen zu dem Schluss, nicht genug Zeit zu haben, um all unseren Verpflichtungen so gerecht zu werden, wie wir uns das wünschen. Und so ist es auch. Das bedeutet, dass irgendetwas geopfert werden muss. Wenn wir dies nicht angehen, verfallen wir der so genannten „Tyrannei des Dringenden": Wir nehmen uns der dringenden Dinge des Augenblicks an und vernachlässigen die wichtigen Dinge. Wenn wir naiverweise davon ausgehen, bestimmte Dinge auf die lange Bank schieben zu können und uns zuerst um die dringenden Dinge kümmern, werden wir das vernachlässigen, was wirklich wichtig ist. Wenn das Dringende das Leben bestimmt, können wir unseren Kindern keine ungeteilte Aufmerksamkeit schenken und vermutlich auch niemand anderem.

Wegen der knapp bemessenen Zeit müssen wir uns Prioritäten setzen, müssen wir entscheiden, wo wir unseren Schwerpunkt setzen wollen und unsere Zeit entsprechend verplanen. Das bedeutet, wir müssen unsere Zeit kontrollieren. Ganz oben auf unserer Prioritätenliste sollten unsere Kinder stehen. Sie brauchen unsere Aufmerksamkeit, um sich gesund entwickeln zu können. Wenn wir zu ihnen durchdringen, wird sich das für uns auszahlen.

Als Eltern müssen Sie entscheiden, was Ihnen wichtig ist. Welchen Stellenwert nehmen Ihre Kinder in Ihrem Leben ein? Wenn Sie diese Entscheidung nicht treffen, wird Ihr Kind einen niedrigen Stellenwert einnehmen und unter der mangelnden Aufmerksamkeit leiden. Ich kenne sehr nette Menschen, die in den meisten Bereichen des Lebens viel Erfolg haben, doch ihre Kinder rangieren ganz unten auf ihrer Prioritätenliste. Die Kinder haben die unterschiedlichsten Probleme, obwohl sie aus einem guten Elternhaus kommen und ihre Eltern gute Menschen sind.

Ungeteilte Aufmerksamkeit zusammen mit Blick- und Körperkontakt wird Ihrem Kind das Gefühl geben: „Ich habe meine Mami und meinen Papi für mich." „Ich bin für meine Eltern der wichtigste Mensch auf der Welt." Einem Kind diesen Schatz mitzugeben, bedeutet, sich bei der Erziehung auf Erfolgskurs zu befinden.

Eine Triebkraft zum Guten

In unserer unsicheren Welt sind ungeteilte Aufmerksamkeit und bedingungslose Liebe eine große Triebkraft zum Guten. Nie zuvor war es so wichtig, unseren Kindern Selbstvertrauen, Selbstsicherheit und Ausgeglichenheit in ihrem emotionalen und geistlichen Leben zu vermitteln. Ohne dies leiden sie unter Angst und Unsicherheit, und ihr emotionales und psychisches Wachstum wird gehemmt.

Wenn Sie überlegen, wie Sie Ihre Prioritäten setzen, sollten Sie daran denken, dass Sie Ihrem Kind am besten Ihre ungeteilte Aufmerksamkeit schenken können, wenn Sie Zeit mit ihm allein verbringen. Als meine Kinder noch klein waren, fiel es mir schwer, diese Zeit zu erübrigen, aber ich habe gelernt, mich darum zu bemühen. Ich arrangierte meinen Terminplan so, dass ich meine Tochter nach ihrer Musikstunde abholen konnte. Dann sind wir in ein Restaurant zum Essen gegangen. Während dieser gemeinsamen Zeit gehörte Carey meine volle Aufmerksamkeit. Ich hörte ihr zu, was immer sie mir erzählen wollte.

Auf diese Weise mit Ihrem Kind allein zu sein, ist sehr effektiv. In einer solchen Zeit können Sie diese ganz besondere, unauslöschbare Beziehung aufbauen, die Ihr Kind so verzweifelt braucht, um sich den Realitäten des Lebens zu stellen und sich auf die Zukunft vorzubereiten. Noch Jahre später, wenn das Leben schwieriger wird und sein Drang nach Unabhängigkeit Verwirrung und Konflikte hervorrufen, wird sich Ihr Kind an solche Augenblicke erinnern. Und wenn Ihr Kind erwachsen ist, wird es sich an die Zeit erinnern, die es mit Ihnen allein verbracht hat, und sich getröstet und gestärkt fühlen.

Heutzutage steht viel auf dem Spiel, denn was ist schlimmer, als ein verirrtes Kind, ein verirrter Heranwachsender oder ein erwachsenes Kind? Und was ist schöner als ein ausgeglichener und glücklicher Sohn oder eine glückliche Tochter? Dies ist Ihre Verantwortung – und Ihr Privileg. Wichtig ist, für Ihre Kinder ansprechbar zu bleiben, da zu sein, wenn sie Sie brauchen. Während der Pubertät brauchen Kinder vielleicht Zeit, um mit Ihnen warm zu werden, damit sie Ihnen ihre tiefsten Gedanken anvertrauen können. Es ist ein Segen, wenn die Beziehung zum Kind so ist, dass es Ihnen seine Gefühle anvertraut.

Wir haben darüber gesprochen, wie wichtig es ist, sich für jedes Kind Zeit zu nehmen. Das ist jedoch nicht immer möglich. Manchmal können Sie dem Kind das Gefühl geben, mit ihm allein zu sein, auch wenn andere dabei sind. Sie können dies tun, indem Sie verstärkt Blickkontakt mit ihm halten, indem Sie sich dem Kind zuwenden und eine Zeit lang in dieser Position bleiben und, wenn möglich, können Sie ihm Körperkontakt geben. Sie könnten dem Kind sogar zublinzeln oder ein bestimmtes Zeichen geben. Mein Lieblingszeichen war, den Zeigefinger an die Nase zu legen und ihn dann auf die Kinder zu richten. Fast immer gaben sie das Zeichen zurück und lächelten mich strahlend an.

Ja, ungeteilte Aufmerksamkeit ist häufig sehr zeitraubend und erscheint den erschöpften Eltern als große Belastung. Aber es ist das wirkungsvollste Mittel, um den emotionalen Tank Ihrer Kinder gefüllt zu halten. Damit investieren Sie in ihre Zukunft.

3. Der zweite Grundstein: Anleitung und Disziplin

Eines Vormittags nach einer Zahnbehandlung bekam ich Hunger und ging in ein nahe gelegenes Restaurant, um etwas zu essen. Während ich in der Schlange stand, um meine Bestellung abzugeben, wurde ich von einer Mutter mit zwei kleinen Kindern erkannt – sie war als Teenager bei mir in Behandlung gewesen. Sie kam zu mir, begrüßte mich überschwänglich und sagte: „Dr. Campbell, erinnern Sie sich noch an mich? Michelle Morgan. Ich würde gern mit Ihnen sprechen."

Sehr schnell wurde deutlich, dass es ihr nicht um ein unverbindliches Plauderstündchen beim Mittagessen ging. Sie erzählte mir von Problemen, die ihr Leben zerstörten. Zum Glück war Michelle mit Freunden zusammen, die sich gern um ihre Kinder kümmerten, darum war ich mit einem Gespräch einverstanden. Wir setzten uns an einen Tisch, um zusammen zu essen und zu reden. Michelle erzählte mir zuerst von ihrer tiefen Frustration, weil sie nicht wusste, wie sie ihren Kindern im Alter von drei Jahren und achtzehn Monaten Disziplin beibringen sollte.

„Ich weiß einfach nicht, was ich tue, Dr. Campbell. Ich fühle mich als Mutter so unzulänglich. Auch erinnere ich mich nur zu gut an die Art von Erziehung, die ich selbst bekommen habe, und ich fürchte, ich erziehe meine Kinder genauso. Mein Mann sagt mir immer wieder, ich sei eine großartige Mutter, aber ich kann ihm nicht glauben.

Ich sehe die Probleme, die die meisten meiner Freunde mit ihren Kindern haben, und ich frage mich, wie ich das jemals bewältigen soll. Mein größter Wunsch ist es, dass meine Kinder glücklich sind und sich zu guten Menschen entwickeln."

Wie Michelle geht es vielen Eltern heutzutage. Es gibt keine Schule für Eltern, und die Veränderungen in unserer schnelllebigen Kultur machen die Erziehung zu einer verwirrenden Angelegenheit. Die meisten jungen Eltern erziehen ihre Kinder, wie sie selbst erzogen worden sind, und sie gehen davon aus, genug zu wissen, um ihre Aufgabe angemessen zu erledigen. Es ist natürlich, so zu empfinden, solange die Kinder noch klein sind, doch wenn sie dann älter werden, erkennen die Eltern, dass sie nicht alle Antworten haben. Ihnen wird auch klar, dass sie einige Fehler gemacht haben, die sie gern korrigieren würden.

Doch diesen Luxus können wir uns nicht mehr leisten. Es wird immer wichtiger, es sofort beim ersten Mal richtig zu machen. Wir haben nicht mehr denselben Raum für Fehler wie die Eltern in der Vergangenheit. Das bedeutet, dass wir ein klares Verständnis für die Bedürfnisse der Kinder brauchen.

Zu viel Liebe?

Viele Menschen glauben an die „Zu-viel-Liebe-Theorie" – ein Kind, das zu viel Liebe bekäme, würde verwöhnt. Sie glauben auch, der Grund für die Probleme eines Kindes sei die fehlende Disziplin, womit sie Strafe meinen. Darum halten sie ihre Liebe zurück und legen die Betonung auf Strafe. Doch wie wir bereits gesagt haben, hat jedes Kind ein grundlegendes Bedürfnis nach erfahrener Liebe. Was passiert also? Die Eltern tappen in die „Bestrafungsfalle". Ihr Umgang mit dem Kind wird in erster Linie von Strafe bestimmt, und sie vernachlässigen die Liebe, die sie ihm unablässig zeigen sollten.

Es ist ganz wichtig, zuerst die emotionalen Bedürfnisse eines Kindes zu erfüllen. Dann können wir effektiv erziehen und anleiten. Und dann können wir auch zuversichtlich sein; wir können uns entspannen und unsere Kinder genießen. Als liebevolle Eltern haben wir nicht das Recht, unsere Kinder zu bestrafen, ohne zuerst unserer Verantwortung gerecht zu werden, das Bedürfnis unseres Kindes nach Liebe zu erfüllen.

Wer hat denn hier die Kontrolle?

Das manipulierende Kind

Zur Disziplin gehört, dass die Eltern die Kontrolle haben. Immer häufiger jedoch erleben wir, dass die Eltern die Kontrolle über ihre Kinder verloren haben. Wir sehen Drei- und Vierjährige, die ihre Eltern piesacken. Sie wissen ganz genau, was sie tun. Der dreijährige Josh, der an einem Abend lieber seine Eltern begleiten als bei seiner Tante bleiben wollte, lieferte eine perfekte und hoch dramatische Vorstellung. Er warf sich auf den Boden und schrie. Beinahe hätte es funktioniert, doch die Tante forderte die Eltern auf zu gehen. Sie versicherte ihnen, Josh würde sich schon beruhigen, sobald sie erst fort seien. Nachdem sie weg waren, fragte sie ihn: „Was sollte das? Wolltest du versuchen, deine Eltern zu manipulieren?" Erschöpft von seiner anstrengenden Vorstellung nickte er nur.

Unterschätzen Sie nie die Macht eines Kindes. Es manipuliert. Es wird versuchen, Sie um den kleinen Finger zu wickeln. Es wird versuchen, sich zu einem mächtigen kleinen Tyrannen zu entwickeln. Wenn dieser Trieb nicht unter Kontrolle gebracht wird, solange das Kind noch klein ist, wird er sich im Laufe der Jahre verstärken. In Familien, in denen ein Kind oder mehrere Kinder die Kontrolle übernommen haben, fühlen sich die Eltern zunehmend verwirrt, und die Dominanz des Kindes wird unerträglich. Während die Eltern ihren Blick in viele Richtungen schweifen lassen und vielleicht verstärkten finanziellen und beruflichen Druck empfinden, konzentriert sich das Kind nur auf einen Bereich – die Kontrolle zu bekommen und zu behalten.

Der Kampf um Macht und Kontrolle wird durch die steigenden Spannungen noch verschlimmert, die viele Eltern empfinden, wenn die Belastungen zu groß werden, wenn sie sich verzweifelt abstrampeln, um alles am Laufen zu halten. Erschöpften Eltern fehlt die Energie und Geduld, ihren Kindern auf positive Weise zu begegnen.

Diese Eltern sind häufig zu müde, um ihren Beitrag zu ihrer Ehe zu leisten. Neuere Studien haben ergeben, dass der vermehrte Druck des Lebens dramatische Auswirkungen auf die Beziehung in der Ehe hat. Sexuelle Probleme haben in unserer Gesellschaft drastisch zugenommen. Und wenn beide Ehepartner außer Haus arbeiten, kommen sie nicht selten müde und abgearbeitet nach Hause und sind nicht bereit, ihren Beitrag zu leisten. All dies führt dazu, dass Eltern streng auf schlechtes Verhalten ihrer Kinder reagieren, anstatt sich ruhig mit ihnen auseinander zu setzen.

Wenn die Atmosphäre in der Familie gespannter wird, steigt das Maß an Verwirrung zwischen Eltern und Kindern, der Kampf um Macht und Kontrolle geht weiter. Diese Eltern müssen zum Eigentlichen zurückfinden und die Kontrolle über ihr Leben und ihre Familie wieder an sich nehmen.

Thomas: „Ich *habe hier das Sagen*"

Jan und Mechthild beklagten sich, sie wüssten nicht mehr, was sie mit ihrem Sohn Thomas noch machen sollten. Wenn er etwas wollte, würde er sofort anfangen zu schreien, ohne überhaupt erst darum zu bitten. Bevor sie noch wüssten, was er wollte, würde Thomas bereits so durchdringend kreischen, dass man es kaum mit anhören könnte.

Und erst dann würde sich Thomas schließlich herablassen, Jan und Mechthild anzuschreien und ihnen seinen Wunsch mitzuteilen. „Ich will dieses Spielzeug haben!" „Eis, ein Eis. Jetzt!" Die Eltern versuchten dann ganz hektisch, ihm alles zu geben, nur damit er aufhörte zu schreien. Wenn das Ganze nicht so schrecklich wäre, müsste man darüber lachen. Die Eltern fanden das nicht lustig, denn sie wurden so frustriert, dass sie ihren Sohn auch bei anderen Gelegenheiten anbrüllten. „Thomas, das reicht jetzt! Halt den Mund, du bekommst ja, was du willst!" Mittlerweile war die gesamte Familie außer Kontrolle geraten, und man wusste nicht so genau, wer unreifer reagierte. Dass Erziehung eine Aufgabe der Erwachsenen war, konnte man in dieser Familie nicht erkennen.

Wenn Jan und Mechthild Freunde oder Angehörige zu Besuch hatten, übernahm Thomas vollständig die Kontrolle. Er wusste, dass seine Eltern fast alles taten, um zu verhindern, dass er sie demütigte. Sie waren seiner Gnade ausgeliefert. Natürlich war es so, dass sein Verhalten die Besucher beinahe so sehr in Verlegenheit brachte wie Jan und Mechthild. Auch fragten sie sich, warum sie als Eltern ihr Kind nicht unter Kontrolle hatten. Sie dachten und sprachen es auch manchmal aus: „Warum geben Sie ihm nicht einfach ein paar hinter die Löffel?"

Jan und Mechthild waren so klug, früh genug Hilfe zu suchen. Sie wussten, es musste eine Antwort geben, die sie nicht kannten, und sie waren entschlossen, sie zu finden. Da Thomas erst vier und nicht schon vierzehn war, gelang es ihnen, einige wichtige Korrekturen vorzunehmen. Zuerst mussten sie lernen, seine emotionalen Bedürfnisse zu erfüllen. Sie mussten lernen, ihn zu angemessenem Verhalten anzuleiten und zu gegebener Zeit liebevolle Bestrafung anzuwenden.

Da seine Eltern ihre Verantwortung ernst nahmen, ist Thomas jetzt ein glücklicher und ausgeglichener Teenager. Er und seine Eltern kommen gut miteinander aus, zum Teil, weil seine Eltern gelernt haben, ruhig und freundlich zu bleiben, die Kontrolle aber nicht aus der Hand zu geben. Festzubleiben bedeutet nicht, unflexibel zu sein. Es bedeutet aber, dass die Eltern die Fassung bewahren, während sie versuchen herauszufinden, was los ist und wie sie am besten damit umgehen.

Die Kontrolle zu haben, bedeutet auch, dass der Umgang der Eltern mit ihren Kindern nicht von Angst bestimmt ist. Bei vielen Eltern gibt es zwei Extreme, die beide verhängnisvoll sind. Einige Eltern üben zu viel Kontrolle aus und sind zu streng, während andere zu nachgiebig sind und Angst haben, die Kontrolle über ihre Kinder zu übernehmen. Diese beiden Extreme haben im Grunde genommen dieselbe Ursache – nämlich Angst. Beide Elterntypen haben Angst vor den Gefahren, die unsere Gesellschaft für ihre Kinder bereithält. Die erste Gruppe fürchtet, die Kinder könnten vom Weg abkommen. Die andere Gruppe befürchtet, ihre Kinder könnten, wenn sie sie verärgern, auf gefährliche Weise gegen sie rebellieren. Kinder in einer solchen Atmosphäre der Angst großzuziehen, ist für die Eltern und die Kinder ungesund und wird unweigerlich Probleme zur Folge haben. Diese Eltern müssen lernen, ihre Kinder liebevoll zur Disziplin anzuleiten.

Was ist liebevolle Anleitung zur Disziplin?

Es ist wichtig zu begreifen, dass disziplinieren nicht gleichbedeutend ist mit bestrafen. Strafe mag eine Form des Disziplinierens sein, aber eine sehr negative Form. Warum die Erziehung so schwierig geworden ist und viele Kinder so schlecht zurechtkommen, liegt daran, dass die Eltern-Kind-Beziehung vorwiegend negativ geworden ist.

Es liegt in der Macht der Eltern, diese Beziehung positiv zu gestalten. Logisch ist doch, zuerst alle positiven Ressourcen auszuschöpfen, ehe man zu den negativen Zuflucht sucht. Sicherlich gibt es Situationen, wo eine Bestrafung durchaus angemessen ist, aber für viele Eltern ist die Bestrafung der Hauptbestandteil der Erziehung. Ein solcher Ansatz kann zur Folge haben, dass die Kinder auf breiter Basis einer autoritätsfeindliche Haltung einnehmen.

Wir müssen genau verstehen, was Anleitung zur Disziplin ist. *Zuerst einmal ist ganz wichtig, dass die Eltern ihren Kindern das Gefühl geben, geliebt zu sein.* Damit haben die Eltern eine gute Basis für weitere Schritte gelegt: *Das Kind im Geist und Charakter anleiten, damit es ein selbstbeherrschtes und konstruktives Mitglied der Gesellschaft wird.*

Es ist die Aufgabe der Eltern, ihr Kind zuerst zu lieben und ihm dann im Laufe der Jahre alle Aspekte der nötigen Anleitung zu bieten. Wenn sich das Kind geliebt fühlt, wenn der emotionale Tank gefüllt ist, wird das Kind die Anleitung annehmen.

Ein Kind muss sich mit den Eltern identifizieren, damit es ihre Führung ohne Groll und Feindschaft annimmt. Wenn das Kind sich nicht mit den Eltern identifizieren kann und sich nicht geliebt fühlt, betrachtet es jede Bitte der Eltern als eine Zumutung und lernt, sich darüber zu ärgern. Viele Kinder haben eine negative Einstellung zur Autorität der Eltern. Dies erstreckt sich schließlich auf alle Autoritätspersonen und führt dazu, dass die Kinder genau das Gegenteil von dem tun, was von ihnen erwartet wird. Ein solches respektloses Verhalten bleibt dann nicht nur auf das Elternhaus beschränkt, sondern erstreckt sich auch auf die Schule und andere Einrichtungen.

Wie können Sie Ihr Kind anleiten, andere Leute und Autoritätspersonen zu respektieren? Indem Sie dafür sorgen, dass es Ihnen in Liebe und Respekt emotional verbunden bleibt. Und um das zu erreichen, müssen Sie Ihrem Kind bedingungslose Liebe entgegenbringen und seinen emotionalen Tank gefüllt halten und ihm dann angemessene Anleitung geben, damit es sein Leben meistern kann.

Wie ein Kind liebt

Bevor Sie Ihr Kind effektiv zur Disziplin anleiten können, müssen Sie die Art und Weise verstehen, wie ein Kind liebt. Diese Liebe unterscheidet sich sehr stark von der reifen Liebe eines Erwachsenen. Kinder sind unreif, darum ist auch ihre Liebe unreif.

Betrachten Sie zuerst das Beispiel eines Erwachsenen. Henry liebt Barbara über alles und möchte sie heiraten. Er bemüht sich nach Kräften, sich ihr gegenüber liebevoll, freundlich, angenehm, rücksichtsvoll und hilfsbereit zu verhalten. Diesen rationalen Ansatz, Liebe zu gewinnen, nennt man *wechselseitige Liebe*. Henry gibt sich die größte Mühe, um sich Barbaras Liebe zu sichern. Erwachsene sollten zwar versuchen, sich bedingungslose Liebe entgegenzubringen, doch meistens können wir nur wechselseitig lieben. Nur gelegentlich steigen wir in die höheren Regionen der bedingungslosen Liebe auf.

Ein Kind dagegen ist nicht in der Lage, auf einer dieser Ebenen zu lieben, weder bedingungslos noch wechselseitig. Da das Kind unreif ist, liebt es auf eine auf sich selbst gerichtete Art. Es liebt aus

Instinkt, und durch seinen Instinkt weiß es von seinem Bedürfnis, geliebt zu werden. Es ist ihm bewusst, dass es die Liebe seiner Eltern braucht. Allerdings weiß es nicht, dass auch die emotionalen Tanks der Eltern mit bedingungsloser Liebe gefüllt werden müssen. Dem Kind geht es nur darum, selbst geliebt zu werden.

Wenn sein Liebestank gefüllt ist, braucht es sich nicht so zu verhalten, dass die Eltern ihn wieder mit bedingungsloser Liebe auffüllen. Ist der Füllstand jedoch niedrig, dann verspürt das Kind den Drang, durch sein Verhalten zu fragen: „Liebst du mich noch?" Wir wissen ja, dass Kinder verhaltensorientiert sind. Wie die Eltern die Liebesfrage beantworten, bestimmt die Richtung, in die sich das Kind entwickelt. Sie bestimmt auch sein Verhalten. *Der Hauptgrund für Fehlverhalten ist ein leerer emotionaler Tank.* Natürlich gibt es auch noch andere Gründe für schlechtes Benehmen, aber der leere emotionale Tank ist der häufigste. Ein leerer Liebestank wird Fehlverhalten aus anderen Gründen häufiger und gravierender machen.

Warum ist es für die Eltern so wichtig zu verstehen, wie ein Kind liebt? Die meisten Eltern sind der Meinung, ein Kind sollte versuchen, sich ihre Liebe und Zuneigung durch gutes Verhalten zu verdienen. Aber ein Kind ist dazu nicht in der Lage. Ein Kind stellt die elterliche Liebe normalerweise durch sein Verhalten auf die Probe, vor allem wenn sein emotionaler Tank leer ist. Wenn Eltern seine Art der Liebe nicht verstehen, sind sie verwirrt und vollkommen verzweifelt, wenn sich das Kind nicht so verhält, wie sie es erwarten. Sie werden sein normales Verhalten als lieblos und respektlos missverstehen.

Häufig ist das Fehlverhalten eines Kindes die flehentliche Frage: „Liebst du mich?" Wenn die Eltern ihm dann versichern, dass es geliebt ist, nehmen sie damit den Druck von dem Kind; es braucht ihre Liebe nicht mehr durch schlechtes Benehmen zu testen. Begreifen die Eltern dies jedoch nicht und sind der Meinung, es sollte sich ihre Liebe durch gutes Verhalten verdienen, werden sie auch weiterhin frustriert sein. Sie werden ihr Kind als respektlos und lieblos ansehen und sich über sein schlechtes Verhalten ärgern, obwohl es doch die ganze Zeit auf seine kindliche Weise fragt: „Hast du mich lieb, Mami?", „Liebst du mich, Papa?"

„Was braucht mein Kind?"

Wenn sich ein Kind schlecht benimmt, ist immer ein Bedürfnis der Grund, das erfüllt werden muss. Wir sollten fragen: „Was braucht mein Kind?" Leider stellen sich die meisten Eltern lieber die Frage: „Wie kann ich das Verhalten meines Kindes korrigieren?" Diese Frage führt fast automatisch zu Strafe, ungeachtet dessen, was im Augenblick vor sich geht. Aber wenn die Eltern zuerst über Bestrafung nachdenken, können sie sich später nicht ohne weiteres über die eigentlichen Bedürfnisse ihres Kindes klar werden.

Wenn Sie sich die Frage stellen: „Was braucht mein Kind?", können Sie logisch vorgehen und einen angemessenen Kurs einschlagen. Wenn Sie aber das Bedürfnis hinter dem Fehlverhalten übersehen, können Sie nicht das Richtige für Ihr Kind tun.

Wenn Sie sich bei schlechtem Benehmen Ihres Kindes fragen: „Was braucht mein Kind?", sollte die nächste Frage lauten: „Muss sein Liebestank aufgefüllt werden?" Wichtig ist, dass Sie das logisch und rational angehen. Ein Kind lässt sich viel leichter anleiten, wenn es sich aufrichtig geliebt fühlt.

Natürlich sollte das Fehlverhalten eines Kindes nicht übersehen werden. Aber Sie sollten in der richtigen Weise darauf reagieren – weder zu nachsichtig noch zu streng. Und Sie sollten sicherstellen, dass Sie sein Bedürfnis nach Liebe zuerst erfüllt haben. Gelegentlich brauchen Sie bei schlechtem Benehmen nicht mehr zu tun, als seinen emotionalen Liebestank wieder aufzufüllen. Nicht immer ist die Sache so einfach, aber manchmal eben schon.

Ich erinnere mich an eine solche Gelegenheit in unserer Familie, als Dale fünf und David neun war. Ich hatte an einer Konferenz teilgenommen und wollte meiner Frau Pat unbedingt von meinen Erlebnissen berichten. Als sie und die Jungen mich am Flughafen abholten, erzählte ich von meiner Reise und ignorierte meine Jungen auf der Heimfahrt vollkommen. Jedes Mal wenn Dale sagte: „Daddy", redete ich einfach weiter mit Pat. Zuerst tolerierte er das noch ganz gut, doch als wir dann zu Hause ankamen, war nichts mehr mit ihm anzufangen. Er war außer sich, schrie, jammerte und war schrecklich unleidlich. Sein Verhalten regte sogar David auf.

Was war mein erster Impuls? Ich wollte sein Verhalten ändern, und schon bald stellte ich mir die altbekannte Frage: *Was kann ich tun, um das Verhalten meines Kindes zu ändern?* Meine Frau spürte meine Frustration und flüsterte mir schnell zu: „Warum tust du nicht, was du immer predigst?" Natürlich. Ich stellte mir die richtige Frage: „Was braucht dieses Kind?" Die Antwort sprang mir ins Gesicht. Ich wusste, dass Dales emotionaler Tank wegen meines Verhaltens leer war. Ich war fort gewesen, und bei meiner Rückkehr hatte er nicht meine ungeteilte Aufmerksamkeit bekommen. Er fragte mich, wie nur ein Kind (durch schlechtes Benehmen) fragen kann: „Liebst du mich noch, nachdem du so lange weg warst und mich jetzt so vollkommen übersiehst?"

Auf einmal machte sein Verhalten Sinn. Er brauchte seinen Papa. Wenn ich ihm nicht das gegeben hätte, was er brauchte, nämlich mich, wäre sein Verhalten noch schlimmer geworden. Eine erhobene Stimme, eine ausgesprochene Drohung, Verbannung in sein Zimmer – nichts davon hätte funktioniert. Ich bin so dankbar, dass ich nicht zu solchen Maßnahmen gegriffen habe. Ich ging mit Dale in unser Schlafzimmer, drückte ihn an mich und sagte gar nichts. Dieser sonst so aktive kleine Bursche blieb ganz still auf meinem Schoß sitzen und nahm die Nahrung in sich auf, die er brauchte. Nachdem sich sein emotionaler Tank gefüllt hatte, wurde er wieder lebendig und plauderte ganz fröhlich mit mir. Nach einem kurzen Gespräch über meine Reise sprang er von meinem Schoß und machte sich auf die Suche nach seinem Bruder. Als ich ins Wohnzimmer kam, spielten sie friedlich miteinander.

Ich wünschte, der Grund für alles Fehlverhalten wäre nichts weiter als ein leerer emotionaler Tank des Kindes. Wie viel einfacher wäre dann die Erziehung! Aber leider ist das nicht so. Wenn Sie sich selbst fragen: „Was braucht dieses Kind?" und zu der Überzeugung gekommen sind, dass der emotionale Tank Ihres Kindes nicht leer ist, sollten Sie weiterfragen: „Gibt es ein körperliches Problem?" Der zweithäufigste Grund für Fehlverhalten ist ein körperliches Problem.

Je jünger das Kind ist, desto häufiger ist das Verhalten durch körperliche Bedürfnisse bestimmt. Sie sollten fragen: „Hat mein Kind Schmerzen? Ist mein Kind krank? Müde? Hungrig oder durstig?" Zwar sollte das schlechte Benehmen nicht übersehen werden, doch das Problem kann fast immer schnell behoben werden, wenn es auf eine körperliche Ursache zurückzuführen ist.

Fünf Möglichkeiten, Verhalten zu kontrollieren

Häufig ist schlechtes Benehmen jedoch nicht auf einen leeren Liebestank oder ein körperliches Problem zurückzuführen. Wenn ein Kind außer Kontrolle geraten ist, wenn es trotzig ist oder die Autorität der Eltern in Frage stellt, sollten Sie angemessene Kontrollmechanismen anwenden. Ihnen stehen fünf Möglichkeiten zur Verfügung, ein Kind zu kontrollieren. Zwei davon sind positiv, und die sollten Sie anwenden, wann immer es möglich ist. Zwei davon sind negativ, die sollten Sie gelegentlich anwenden. Eine ist neutral und mit Vorsicht zu genießen.

Die Effektivität dieser Möglichkeiten wird vom Pegel des emotionalen Tanks Ihres Kindes abhängen. Diese Kontrollmechanismen sind 1) Bitten (positiv), 2) Befehle (negativ), 3) sanfte körperliche Manipulation oder Beeinflussung (positiv), 4) Strafe (negativ) und 5) Verhaltensmodifikation (neutral).

Bitten und Befehle

Eine *Bitte* ist eine positive Art der Verhaltenskontrolle des Kindes. Es ist der beste Weg, eine liebevolle Beziehung zu entwickeln. Bitten sind für das Kind angenehm beruhigend, und dies ist besonders wichtig, wenn Eltern das Verhalten des Kindes kontrollieren. Bitten werden in einer höheren Tonlage ausgesprochen, und die Stimme bleibt am Ende des Satzes wie bei der Frage oben.

Mit Ihrer Bitte übermitteln Sie Ihrem Kind viele nonverbale Botschaften. Mit Bitten sagen Sie Ihrem Kind: „Ich respektiere die Tatsache, dass du zu diesem Punkt eine eigene Meinung hast." Sie könnten auch sagen: „Ich weiß, dass du bestimmte Gefühle zu diesem Punkt hast, und ich respektiere deine Gefühle." Und vor allem übermitteln Sie Ihrem Kind ohne Worte: „Ich erwarte, dass du die Verantwortung für dein Verhalten übernimmst." Ihr Kind kann zu einem verantwortungsbewussten Mensch werden, wenn Sie ihm die Gelegenheit dazu geben.

Ein Kind, das in erster Linie mit Bitten erzogen wird, bekommt das Gefühl, seinen Eltern ein Partner zu sein, weil sie ihm nicht nur sagen, was es tun soll, sondern sich in erster Linie dafür interessieren, was das Beste für es ist.

Wenn Bitten nichts nützen, müssen Sie *Befehle* aussprechen. Da Befehle eine negative Art der Verhaltenskontrolle sind, sollten sie nur angewandt werden, wenn Bitten nichts nützen. Befehle können Zorn und Verärgerung bei einem Kind hervorrufen. Befehle werden in der Regel mit leiser Stimme ausgesprochen und die Stimme geht am Ende des Satzes nach unten. Dies verstärkt jede Verärgerung.

Zusätzlich sind auch die die nonverbalen Botschaften an das Kind negativ. Weil Sie dem Kind vorschreiben, was es tun soll, ohne ihm Entscheidungsfreiheit zu lassen oder die Gelegenheit zu einer Stellungnahme oder Diskussion zu geben, übermitteln Sie die Botschaft, dass Ihnen die Gefühle und die Meinung des Kindes zu dieser Angelegenheit nicht wichtig sind. Und vor allem übernehmen Sie damit die ganze Verantwortung. Je öfter Sie autoritative

Techniken wie Befehle, Schimpfen, Nörgeln oder Schreien anwenden, desto weniger effektiv ist das, was Sie sagen.

Als Eltern haben Sie viel Macht und Autorität, aber nicht in unbegrenztem Maße. Wenn Sie Ihre Autoritätsstellung missbrauchen, wird Ihnen wenig bleiben, um das Verhalten Ihres Kindes zu kontrollieren, vor allem, wenn Ihr Kind älter wird. Heutzutage erleben wir, wie immer mehr Eltern ihre Autorität aufbrauchen und hilflos werden, selbst wenn ihre Kinder noch klein sind. Da Sie kein unbegrenztes Maß an Autorität haben, sollten Sie sie nicht vergeuden, indem Sie zu oft negativ reagieren, denn dann bleibt Ihnen wenig für die wirklich schwierigen und wichtigen Probleme übrig.

Wenn Sie freundlich, aber fest bleiben, untermauert dieses Verhalten Ihre Autorität nicht nur, sondern erweitert sie sogar, weil Sie sich den Respekt, die Liebe und die Dankbarkeit Ihres Kindes erwerben. Sie müssen daran denken, dass Ihr Kind am meisten Angst vor Ihrem Zorn und Ihrer Unfreundlichkeit hat. Wenn Sie Bitten aussprechen und bei Ihrer Anleitung positiv bleiben, sichern Sie sich ihre Liebe und Dankbarkeit für den Rest Ihres Lebens. Ihre Kinder vergessen Ihre Freundlichkeit und Liebe niemals und sind immer dankbar dafür, dass Sie ihre Eltern sind, vor allem, wenn sie andere Eltern sehen, die unfreundlich und zornig mit ihren Kindern umgehen. Dies ist ein wesentlicher Bestandteil positiver, auf Beziehung ausgelegter Erziehung.

Sanfte körperliche Beeinflussung oder Manipulation

Dies ist eine andere positive Art, das Verhalten eines Kindes zu kontrollieren. Es ist vor allem bei kleinen Kindern sehr wirkungsvoll, kann aber auch bei älteren gut funktionieren. Ich mag die sanfte körperliche Beeinflussung, weil sie bei einem Verhalten eingesetzt werden kann, das nicht notwendigerweise falsch, sondern nur unvorteilhaft ist. Außerdem können Sie positiv bleiben.

Die körperliche Beeinflussung lässt sich sehr gut bei zwei- und dreijährigen Kindern anwenden, die sich gerade in der Phase ihrer Entwicklung befinden, wo sie zu jeder Bitte nein sagen. Sie sagen zum Beispiel: „Kommst du bitte zu Mami?", und Ihr Kind antwortet mit „Nein". Wenn Sie dann einen Befehl aussprechen und sagen: „Komm sofort zu mir!", könnte es trotzdem „Nein" sagen. An diesem Punkt könnten Sie in Versuchung kommen, das Kind zu bestrafen. Aber das wäre ein gravierender Fehler. *Stattdessen können Sie sich dieser absolut normalen Situation annehmen, indem Sie Ihr Kind sanft zu sich ziehen.* Sie gehen positiv, liebevoll und sanft mit Ihrem Kind um. Ihr Kind weiß genau, was los ist. Es weiß, dass Sie auch „gemein" zu ihm hätten sein können, aber Sie haben beschlossen, freundlich und liebevoll zu bleiben. So wird eine aufrichtig liebevolle Beziehung zwischen Eltern und Kind aufgebaut.

Strafe

Strafe ist die vierte Art, mit dem Verhalten eines Kindes umzugehen. Es ist der negativste und auch der am schwierigsten zu handhabende Kontrollmechanismus. Dafür gibt es vier Gründe. Erstens, die Strafe muss angemessen sein, da die Kinder sehr auf Gerechtigkeit achten. Sie wissen, wann die Eltern zu nachsichtig sind; sie haben dann das Gefühl, noch mal davongekommen zu sein. Sie wissen aber auch, wann die Eltern zu streng sind; sie ärgern sich über jede ungerechte Strafe.

Zweitens, die für ein Kind angemessene Strafe kann einem anderen gar nichts bedeuten. Dies haben wir bei unseren beiden Jungen gemerkt. Für Dale war es die schlimmste Strafe, in sein Zimmer geschickt zu werden. Er wollte mit dem Rest der Familie zusammen sein. Doch David nutzte die Gelegenheit, mit seinen Spielsachen zu spielen und in seinen Büchern zu lesen.

Drittens, die für eine Gelegenheit angewandte Strafe hängt davon ab, wie sich die Eltern in diesem Augenblick fühlen. Haben sie einen guten Tag gehabt, werden sie in der Art der Strafe vermutlich nachsichtig sein. An einem schlechten Tag jedoch werden sie dazu neigen, zu streng zu reagieren.

Und schließlich, die Strafe muss dem Alter und dem Entwicklungsstand des Kindes angemessen sein. Was für einen Siebenjährigen richtig ist, mag für einen Fünfjährigen vollkommen unangemessen sein. Was für das eine Kind richtig ist, mag für das andere bedrückend sein.

Doch so schwer es für Sie auch sein mag zu entscheiden, wann und wie eine Strafe eingesetzt werden sollte, Sie müssen darauf vorbereitet sein, eine angemessene Strafe zu verhängen. Sie können sich selbst dabei helfen, indem Sie vorausplanen, damit Sie nicht in die Bestrafungsfalle tappen. Dies bedeutet, dass Sie sich mit Ihrem Ehepartner oder einem guten Freund zusammensetzen und sich die richtige Strafe für verschiedene Vergehen überlegen. Sie sollten dies für jedes Kind in Ihrer Familie tun, wenn Sie ruhig sind und auch die guten Eigenschaften dieses Kindes im Blick haben. Das wird Ihnen helfen, Ihre Wut im Zaum zu halten, wenn sich ein Kind danebenbenimmt.

Verhält sich ein Kind falsch, sollten Sie sich schnell die Fragen zu den körperlichen Bedürfnissen und der Entwicklung stellen: „Ist mein Kind hungrig oder durstig? Hat es vielleicht Schmerzen oder fühlt es sich nicht wohl? Ist das hier die typische Reaktion eines Zwei- oder Dreijährigen?" Wenn Sie alle diese Fragen mit einem Nein beantworten können, sollten Sie sich noch eine weitere Frage stellen: „Ist das Kind vielleicht nur trotzig?"

Kindlicher Trotz stellt die elterliche Autorität offen in Frage und widersetzt sich ihr. Das dürfen Sie keinesfalls durchgehen lassen. Sie müssen die Kontrolle behalten und dieses Verhalten korrigieren. Allerdings bedeutet das nicht, dass Sie das Kind gleich bestrafen. Wenn Sie immer gleich Ihre stärkste Waffe einsetzen, die Strafe, setzen Sie Ihre Macht zu einem Zeitpunkt ein, wo es vielleicht gar nicht nötig gewesen wäre.

Ich habe viele schreckliche Situationen erlebt, in denen Eltern diesen schweren Fehler begangen haben. Sie haben ihre elterliche Autorität für einen kleinen Konflikt in der Familie eingesetzt. Für die wirklich wichtigen Probleme blieb dann nur noch wenig Autorität übrig.

Ja, Sie müssen den Trotz brechen, aber Sie müssen auch Ihren Verstand gebrauchen. Oft wird eine einfache Bitte die Trotzhaltung brechen, vor allem, wenn sich das Kind bedingungslos geliebt fühlt. Oder ein Befehl ist vielleicht angemessen, oder sanfte körperliche Beeinflussung. Wenn Sie einem bescheideneren Weg folgen, wird Ihr Kind wissen, dass Sie die freundlichste Art des Umgangs gewählt haben.

Und Sie werden wissen, dass Sie sich für den Weg der Sanftmut entschieden haben. Sanftmut ist ein häufig missverstandener Begriff aus der Bibel, doch eine sehr reife Reaktion. Sanftmut bedeutet nicht, dass Sie passiv und schwach sind. Vielmehr ist Sanftmut kontrollierte Stärke. Sanftmut bedeutet, dass Sie die Macht haben, sie aber nicht einsetzen, bis es unbedingt nötig ist.

Jesus war das vollkommene Vorbild für Sanftmut. Er besaß unendliche Macht und setzte sie sehr sparsam ein, und nur, wenn es absolut angemessen war. Er behielt sie in Reserve und überlegte genau, wann er sie einsetzte. Er machte von seiner Macht nur Gebrauch, wenn er sich um andere kümmerte, nicht, um seinem Missfallen Ausdruck zu verleihen.

Sie sollten sich bei der Erziehung Ihrer Kinder ähnlich verhalten. Wenn Ihre Kinder Ihr kluges Verhalten sehen, werden auch sie lernen, sich klug zu verhalten.

Schläge als Strafe

Schläge sind eine sehr umstrittene Form der Strafe, die gesondert abgehandelt werden sollte. Keine Art der Strafe ist vollkommen, und Schläge haben sicherlich ihre positiven und negativen Seiten. Das Positive daran ist zweifellos, dass sie sofortige Ergebnisse bringen, vor allem bei kleinen Kindern. Schläge sind auch bequem, da keine Planung und kein Nachdenken erforderlich sind. Sie können sofort angewandt werden.

Negativ ist, dass sie ihre Wirksamkeit verlieren, wenn das Kind älter wird. Und je häufiger geschlagen wird, desto weniger effektiv ist es. Wenn Schläge als Form der Strafe zu häufig angewandt werden, kann sich daraus Groll, Zorn und eine feindliche Haltung den Eltern gegenüber entwickeln. Selbst den besten Eltern kann es passieren, dass sie unkontrolliert zuschlagen, vor allem wenn sie sehr aufgebracht sind oder es ihnen gesundheitlich nicht gut geht. Dies kann dann als Misshandlung betrachtet werden, ein wichtiges Thema in unserer heutigen Zeit. Gegner der körperlichen Züchtigung argumentieren, Schläge würden Gewalt im Kind wecken. Dieses Argument kann nicht ignoriert werden, wenn wir die zunehmende Gewalt unter Kindern in unserer Gesellschaft betrachten.

Ein weiterer Nachteil von Schlägen ist, dass sie bei einem Kind tiefe und bleibende emotionale Narben hinterlassen können. Der körperliche Schmerz kann Tage andauern, aber die emotionalen Gefühle der Furcht, des Grolls oder sogar der Zurückweisung können sehr viel länger vorhalten. Vor kurzem habe ich mit einem siebenundachtzigjährigen Mann gesprochen, der mir erzählte, die Schläge, die er als Kind bekommen hätte, würden ihn noch immer quälen. Solche schmerzlichen Erinnerungen aus der Kindheit sind nicht ungewöhnlich.

Wer Schläge als wichtiges Erziehungsmittel ansieht, macht den großen Fehler anzunehmen, Anleitung sei dasselbe wie Strafe. *Erziehung ist die Anleitung des Kindes zu dem Weg, den es gehen sollte. Je disziplinierter ein Kind ist, desto weniger Strafe wird nötig sein.*

Es gibt Menschen, die für den, wie sie es nennen, biblischen Ansatz von Disziplinierung eintreten. Sie stützen sich dabei auf Verse aus dem Buch der Sprüche: 13,24; 23,13 und 29,15. Sie scheinen der Meinung zu sein, körperliche Züchtigung sei das wichtigste Erziehungsmittel und sollte den Umgang mit dem Kind bestimmen. Diese Leute versäumen es, die Hunderte Bibelverse zu erwähnen, in denen von Liebe, Mitgefühl, Einfühlsamkeit, Verständnis, Vergebung, Anleitung, Freundlichkeit, Zuneigung und vom Geben gesprochen wird – als ob ein Kind nur wenig oder überhaupt kein Recht auf diesen Ausdruck christlicher Liebe hätte.

Befürworter von Schlägen scheinen vergessen zu haben, dass der Stecken und Stab des Hirten in der Bibel fast ausschließlich dazu benutzt wird, die Schafe zu leiten, nicht sie zu schlagen. Ein Hirte führte die Schafe mit sanfter Hand, vor allem die Lämmer, indem er einfach den Stab hinhielt. Auf diese Weise hinderte er sie daran, den falschen Weg einzuschlagen und konnte sie dann sanft in die richtige Richtung schieben. Der Stab des Hirten wurde auch dazu gebraucht, verirrte Schafe zu retten. Hätte der Stab des Hirten in erster Linie dazu gedient, ein Lamm zu schlagen, dann würden wir Schwierigkeiten haben mit dem Vers aus Psalm 23: „Dein Stecken und Stab trösten mich" (Vers 4).

Ein sanfter Gebrauch von körperlicher Züchtigung kann als letzte Zuflucht jedoch sehr nützlich sein. Das beste Beispiel dafür ist das, was meine Tochter Carey vor kurzem erlebt hat. Sie arbeitete im Garten, und ihre dreijährige Tochter Cami spielte ganz in ihrer Nähe. Bis zu diesem Zeitpunkt hatte Carey positive Wege gefunden, ihre Tochter ohne Schläge anzuleiten und zu lenken. Doch an diesem Nachmittag fing Cami an, auf die Straße zu laufen. „Cami, würdest du bitte von der Straße wegbleiben? Ich möchte nicht, dass dir etwas passiert", sagte Carey. Doch eine Minute später war Cami schon wieder zur Straße gelaufen. „Cami, komm zurück! Bleib von der Straße weg", warnte ihre Mutter sie, und das kleine Mädchen kam zurück. Doch sie lief noch ein drittes Mal zur Straße.

Dieses Mal rannte ihre Mutter ihr nach. „Ich habe dir gesagt, du sollst von der Straße wegbleiben", sagte Carey fest. „Ich habe das ernst gemeint." Sie legte Cami beide Hände auf die Schultern und führte sie zum Garten zurück. Cami spielte weiter im Garten, doch als sie erneut auf die Straße lief, hatte Carey das Gefühl, dass die Situation sehr ernst war und ein Klaps auf den Po angebracht sei.

Diese Botschaft zeigte Wirkung. Als Camis Vater etwa eine Stunde später nach Hause kam, rannte sie zu ihm hin und rief: „Papa, lauf nicht auf die Straße!"

Camis Mutter versuchte es zuerst mit einer Bitte, dann mit einem Befehl, schließlich mit sanfter körperlicher Beeinflussung. Doch als das alles keine Wirkung zeigte, gab sie ihrer Tochter den Klaps.

Solange die körperliche Züchtigung als letzte Zuflucht gesehen wird und solange die Eltern sie nicht als ein Ventil für ihren eigenen Zorn einsetzen, kann man ein Kind schlagen, ohne es zu verletzen. Doch meiner Erfahrung nach ist es so, dass Eltern, die sich eher auf die positiven und bestärkenden Formen der Erziehung konzentrieren, weniger schlagen müssen.

Verhaltensmodifikation

Verhaltensmodifikation ist die fünfte Form, das Verhalten eines Kindes zu kontrollieren. Dabei werden positive Bestärkung (ein positives Element wird in die Umgebung des Kindes eingebracht), negative Bestärkung (ein positives Element wird aus der Umgebung des Kindes entfernt) und Strafe (ein negatives Element wird in die Umgebung des Kindes eingebracht) eingesetzt. In gewisser Weise ist die Verhaltensmodifikation neutral, da sowohl positive als auch negative Elemente darin enthalten sind. Diese „neutrale" Form der Anleitung ist jedoch nicht unproblematisch, wenn sie die einzige Form des Umgangs mit dem Kind ist.

Zwei wichtige Probleme sind dabei zu bedenken: Die Eltern können daran gehindert werden, ihr Kind bedingungslos zu lieben und im Kind werden egoistische Züge geweckt – „Was ist für mich drin?"

Diese Art der Erziehung sollte so spärlich wie möglich eingesetzt werden, weil sich die Kinder dabei nicht bedingungslos geliebt fühlen. Die Basis der Verhaltensmodifikation ist nämlich von Bedingungen abhängig – das Kind bekommt eine Belohnung, wenn es einem bestimmten Verhaltensmuster folgt. Und Verhaltensmodifikation lässt die emotionalen Bedürfnisse eines Kindes außer Acht und kann keine bedingungslose Liebe vermitteln.

Noch eine andere Gefahr sehe ich: Bei zu häufigem Gebrauch werden Kinder dazu verleitet, die Methode beim Umgang mit ihren Eltern und anderen Autoritätspersonen nachzuahmen. Sie tun, was die Eltern wollen, um zu bekommen, was sie wollen. Dies führt zur Manipulation.

Doch trotz aller Warnungen mag es Situationen geben, in denen Verhaltensmodifikation extrem nützlich ist. Zum Beispiel, wenn es bei einem Kind Verhaltensprobleme auf Grund von Rivalität unter Geschwistern gibt. Oder wenn bestimmte gravierende Verhaltensprobleme da sind und das Kind keinerlei Reue zeigt. Es kann auch sein, dass ein Teenager Kommunikationsprobleme mit seiner Mutter hat. Je mehr die Mutter versucht, sich verbal mit dem Kind auseinander zu setzen, desto schlimmer werden die Konflikte. Eine solche Phase machen viele Mädchen in diesem Alter durch, und Verhaltensmodifikation kann in einem solchen Fall sehr helfen.

Wenn Ihrem Kind sein Verhalten aufrichtig Leid tut

Es gibt Situationen, in denen Sie spüren, dass Ihrem Kind sein schlechtes Verhalten aufrichtig Leid tut, und dies ist ein Grund zur Freude. Es bedeutet, dass das Gewissen Ihres Kindes durchaus funktionstüchtig ist. Leider gibt es in unserer Gesellschaft heute anscheinend nur noch wenige Menschen, die noch ein Gewissen haben.

Aus welchem Rohmaterial wird ein gesundes Gewissen geformt? Schuldgefühl. Und was wird das Schuldgefühl auslöschen? Strafe, vor allem körperliche Bestrafung. Und an dieser Stelle treten viele Eltern so leicht in die Bestrafungsfalle. Falsch oder zum falschen Zeitpunkt eingesetzte Strafe wirkt sich sowohl auf das Kind als auch auf die Eltern destruktiv aus.

Bestimmt wollen Sie nicht, dass sich Ihr Kind mit Schuldgefühlen herumquält und doch gibt es etwas viel Schlimmeres – zu wenig Schuldgefühle. Wenn Sie an Ihrer Strafe festhalten, obwohl die

Tat Ihrem Kind bereits aufrichtig Leid tut, versäumen Sie nicht nur eine der seltenen Gelegenheiten, Ihrem Kind Vergebung vorzuleben, sondern Sie greifen direkt in seine Fähigkeit ein, ein normales Gewissen zu entwickeln.

Wie sollten Sie sich verhalten, wenn Ihrem Kind sein Verhalten aufrichtig Leid tut? Ich meine nicht, wenn es ruft: „Es tut mir Leid, es tut mir Leid!", um einer Strafe zu entgehen, sondern wenn es wirklich niedergeschlagen ist. Was tut denn Ihr himmlischer Vater, wenn Ihnen Ihr falsches Handeln Leid tut und Sie ihn um Vergebung bitten? Er vergibt Ihnen und reinigt Sie von aller Ungerechtigkeit. Sollten Sie sich nicht auch Ihrem Kind gegenüber so verhalten?

Durch Ihre Vergebung bei aufrichtiger Reue lehren Sie Ihre Kinder, ebenfalls zu vergeben. Durch Ihr Vorbild der Vergebung leiten Sie sie zur Vergebung an. Das ist so wichtig, weil Menschen, die anderen nicht vergeben können, dazu verurteilt sind, zornig, verbittert und unglücklich zu werden. Solche Menschen finden wir in unserer Gesellschaft sehr häufig.

Wenn Sie Ihren Kindern vergeben, lehren Sie sie damit gleichzeitig, selbst auch zu vergeben. Das ist eine wundervolle Gabe. Bestimmt kennen Sie Menschen, die nicht in der Lage zu sein scheinen, sich selbst zu vergeben, und Sie wollen auf keinen Fall, dass Ihre Kinder so werden.

Ein Kind, das ein Fehlverhalten aufrichtig bereut, empfindet eine überwältigende Liebe zu den Eltern. Dies bietet uns die Gelegenheit, diesem Kind, das wir so sehr lieben, noch näher zu kommen. Als Eltern müssen wir uns immer daran erinnern, dass es unsere erste Pflicht ist, die emotionalen Bedürfnisse unserer Kinder zu erfüllen. Und ihr wichtigstes emotionales Bedürfnis ist Liebe. Nur wenn dieses Bedürfnis erfüllt ist, können wir erfolgreich mit ihrem Verhalten umgehen. Anleitung zum richtigen Umgang mit dem Zorn ist viel leichter bei Kindern, die sich geliebt fühlen.

4. Der dritte Grundstein: Schutz vor schädlichen Einflüssen

Wie konzentrische Kreise sich nach außen ausbreiten, wenn ein Stein ins Wasser geworfen wird, so erweitert sich auch der Kontakt Ihres Kindes zu der Welt außerhalb des Elternhauses mit jedem Jahr, und immer mehr Personen und Einflüsse treten in sein Leben. Wenn das Kind in die Schule kommt, sind Sie sich sehr wohl darüber im Klaren, dass Sie nicht mehr länger alle Personen und Ideen kontrollieren können, mit denen es konfrontiert wird. Und tritt das Kind erst ins Teenageralter ein, haben Sie allen Grund, große Angst vor dem zu haben, was ihm begegnet, selbst in einer Umgebung, die Sie für sicher halten.

In einer Gesellschaft, die immer nachsichtiger wird, ist es unsere Pflicht und unser Privileg, unsere Kinder zum rationalen Denken anzuleiten. Wir können sie darauf vorbereiten, sich schlechten Einflüssen zu widersetzen und ehrliche und gesunde Botschaften zu erkennen. In Kapitel 3 ging es um die Anleitung des Kindes zum richtigen Verhalten. Verhalten muss jedoch mit dem richtigen Denken in Zusammenhang gebracht werden, sonst fällt das Verhalten an einem bestimmten Punkt in sich zusammen. Aus diesem Grund werden wir uns nun ansehen, wie Sie Ihr Kind anleiten können, sein Denken zu steuern, damit es nicht nur überleben, sondern sich gut entwickeln kann.

Während unsere Gesellschaft immer mehr ihr geistliches und moralisches Erbe verliert, dürfen besorgte Eltern die ethische und kognitive Ausbildung ihrer Kinder nicht Dritten überlassen. Wir können nicht von einer Übereinstimmung der Wertvorstellungen ausgehen, die wir in den Schulen, Gemeinden und anderen Institutionen früher für selbstverständlich ansahen. Ich will damit nicht sagen, dass es keine positiven Einflüsse mehr gibt. Aber heute herrscht in allen Teilen der Gesellschaft eine alarmierende Verwirrung: Keiner weiß mehr, was richtig und was falsch ist.

Moral und Werte in den Institutionen, denen wir einst vertrauten, haben sich verändert. Dies macht die Erziehung umso schwieriger. Aber es bietet auch mehr Gelegenheiten, unseren Kindern zu helfen, sich zu entwickeln und in der Welt, der sie sich stellen müssen, gut klarzukommen. Je mutiger unsere Kinder zu ihren ethischen Überzeugungen stehen und zu klar denkenden und integeren Menschen werden, desto mehr Sinn werden sie in ihrem Leben finden. Auch werden sie in der Lage sein, einen positiven Einfluss auf die Gesellschaft auszuüben. Doch auch das Gegenteil trifft zu: Je weniger integer und klar denkend die jungen Leute sind, desto mehr werden sie sich von Elementen und Personen beeinflussen lassen, die nur darauf warten, junge Menschen ins Verderben zu führen. Das war schon immer so, aber nie so ausgeprägt wie in der heutigen Zeit.

Die ethische Überzeugung eines jungen Mannes wird auf die Probe gestellt

Als mein ältester Sohn David noch an der Uni war, arbeitete er als Praktikant für eine Krankenhauskette, bei der er mit diesem Mangel an Werten konfrontiert wurde. Eines Tages trug ihm sein Vorgesetzter auf, einer konkurrierenden Krankenhauskette beratend zur Seite zu stehen, obwohl er noch studierte und gerade an einem Forschungspapier arbeitete. Er wurde gebeten, während seiner Arbeit dort das Konkurrenzunternehmen auszuspionieren.

David war schockiert und entsetzt über diesen Auftrag, und er weigerte sich, ihn zu übernehmen. Später sprachen wir bei einem Besuch darüber. „Dad, ich stelle fest, dass so etwas mittlerweile üblich ist", sagte er. „Ich schätze, dies war mein erster Test in Geschäftsethik. Ich hoffe nur, dass ich auch in Zukunft diesem Druck standhalten kann. Aber ich weiß, es wird schwer, in einer solchen Umgebung zu arbeiten." Nun steht er schon seit vielen

Jahren in der Arbeitswelt, und ich bin froh, sagen zu können, dass er sich seine Integrität bewahrt hat.

Geschichten wie diese sind nicht auf die säkulare Welt beschränkt. Vor einigen Jahren gab der Direktor einer religiösen Werbeagentur einigen seiner Angestellten den Auftrag, eine bestimmte Arbeit für eine christliche Organisation zu übernehmen. Er trug einer Frau auf, sie solle das Büro des Klienten nach interessantem Material durchsuchen – mit anderen Worten, sie sollte spionieren. Er wollte wissen, mit welchen anderen Firmen diese Organisation Geschäfte machte. Die Frau weigerte sich und musste die Konsequenzen tragen. Mehrere Jahre lang hielt er ihre Gewinnbeteiligungen zurück.

Wenn unsere Teenager in die Arbeitswelt eintreten, selbst wenn sie Ferienjobs übernehmen, werden Sie als Eltern natürlich nicht mehr dabei sein, um ihre Reaktionen zu bestimmen. Darum ist es so wichtig, dass Sie Ihr Kind schon früh zum rationalen und kritischen Denken anleiten.

Elemente richtigen Denkens

Um Ihren Kindern zu helfen, sich gesund zu entwickeln, müssen Sie ihnen helfen, rational zu denken. Die Kinder müssen die Fähigkeit entwickeln, bestimmte Situationen einzuschätzen und zu bewerten. Sie als Eltern müssen das Gefühl haben, dass Ihre Kinder, wenn sie eine Ausbildung beginnen, den nötigen Hintergrund, die richtige Anleitung und genügend Urteilsvermögen besitzen, um selbstständige Entscheidungen treffen zu können. Dies ist notwendig für die Sicherheit der Teenies – und auch für Ihren Seelenfrieden.

Bei Ihrer Erziehung versuchen Sie, den Kindern die richtige Perspektive für die Welt und den Platz zu vermitteln, den sie darin einnehmen. Sie formen ihre Vorstellung der Realität und versetzen sie in die Lage, ein starkes und gesundes Wertesystem für sich zu entwickeln. Sie geben ihnen die Möglichkeit, ein integerer Mensch zu werden. Nur so sind Ihre Kinder in der Lage, sich gegen widersprechende Wertvorstellungen und ungesunde Einflüsse zur Wehr zu setzen. Nur so können sie andere zum Guten beeinflussen.

Heute sind viele Menschen in unserer Gesellschaft der Meinung, die Behauptung, es gebe eine richtige Art des Denkens und Fühlens, sei zu restriktiv. Immer mehr Erwachsene schließen sich dieser Meinung an, und eine Folge davon ist, dass viele Eltern die grundlegenden Wahrheiten und Wertvorstellungen nicht mehr an die nachfolgende Generation weitergeben. Bequemlichkeit und der Wunsch, immer mehr Geld zu verdienen, sind an die Stelle richtigen Handelns getreten. Auch arbeitet man nicht mehr für das Wohl der anderen. Unsere Gesellschaft wird zunehmend unfähig, richtig von falsch zu unterscheiden. Und doch gehört Integrität zu den grundlegenden Charakterzügen, die darüber bestimmen, ob ein Mensch ehrlich, aufrichtig und vertrauenswürdig ist.

Zur Integrität gehören:

1. Die Wahrheit sagen
2. Gegebene Versprechen halten
3. Die Verantwortung für das eigene Handeln übernehmen

Vor nicht allzu langer Zeit hatte Integrität mit allen ihren Elementen in unserer Gesellschaft noch einen hohen Stellenwert. Inzwischen treten diese drei Bestandteile immer mehr in den Hintergrund. Wir wollen uns den Verlust des Glaubens an diese drei Elemente der Integrität einmal ansehen – ein Verlust, gegen den wir bei der Erziehung unserer Kinder ankämpfen sollten.

Die Wahrheit sagen

Der Wunsch nach Wahrheit gründet sich auf mehr als nur eine Vorschrift der Gesellschaft. Er liegt in der Vorstellung begründet, dass es eine objektive Wahrheit gibt, auf der wir die Wahrheiten unseres Lebens und unserer Gemeinschaft aufbauen.

Eine Lüge hat Einfluss auf unser ganzes persönliches Leben. Doch in der Familie richtet sie vermutlich den größten Schaden an. Eine Lüge in der Familie wird bei dem, der angelogen wird, nicht nur Bestürzung auslösen und Frustration bei dem, der lügt. Eine Lüge gefährdet Beziehungen innerhalb der Familie und kann sie gelegentlich sogar zerstören. Menschen, die ständig belogen werden, können nicht vergessen. Ihr Vertrauen ist zerstört, und sie begegnen dem Lügner immer mit Misstrauen. Dies ist besonders schädlich, wenn die Eltern die Kinder belügen. Als Heranwachsende wissen die Kinder dann nicht, wem sie trauen können.

Ein gegebenes Versprechen halten

In unserer Gesellschaft ist es auch nicht mehr üblich, ein Versprechen zu halten. Ein Versprechen kann eine zufällige Vereinbarung ohne langfristige Konsequenzen sein, ein formales Versprechen, wie zum Beispiel ein Geschäftsvertrag, und ein heiliges Versprechen, wie das Eheversprechen.

Die Frage der persönlichen Integrität erstreckt sich natürlich auch auf den finanziellen Bereich. Es ist leicht, ein Versprechen abzugeben und nicht einzuhalten. Die Lebenshaltungskosten gehen immer weiter in die Höhe, und wir alle haben schon von Zwangsversteigerungen und Überschuldungen gehört. Ich sage nicht, dass alle diese Leute unehrliche Motive haben, aber in vielen Fällen haben sie ein schlechtes Urteilsvermögen gezeigt. Sie waren anscheinend unfähig zu entscheiden, was besonders wichtig war und wofür sie ihre Zeit und ihr Geld investieren wollten. Oder sie rechneten nicht mit einem Notfall oder unvorhergesehenen Ausgaben.

Jeder von uns gerät zuweilen in die Versuchung, ein Versprechen nicht zu halten oder eine Vereinbarung zurückzunehmen und die Schuld dann einem anderen in die Schuhe zu schieben. Wenn wir genau wissen, was zur Integrität dazugehört und von ihrer Bedeutung überzeugt sind, können wir der Versuchung widerstehen. Doch ohne Anleitung und Überzeugung haben wir dem wenig entgegenzusetzen.

Auch die persönliche Verantwortung für das eigene Handeln wird heutzutage nicht mehr besonders geachtet. Viele Menschen sehen nicht ein, die Verantwortung für ihr Handeln zu übernehmen, wenn sie sie einem anderen zuschieben können. Wir sind zu einer Nation von Opfern geworden. In einem streitsüchtigen Land fragen wir uns manchmal, ob uns morgen jemand die Schuld an seinem Handeln zuschieben wird. Regelmäßig hören wir von recht fragwürdigen Prozessen.

Ich erinnere mich noch gut an das eine Mal, als ich als Arzt gerichtlich verfolgt wurde. Als Assistenzarzt war ich einer sechsundneunzigjährigen Frau zugeteilt worden, die sehr verwirrt ins Krankenhaus eingeliefert worden war. Sie wusste nicht, wer sie war oder wo sie sich befand, und sie versuchte ununterbrochen, sich selbst Schaden zuzufügen. Wir legten sie auf eine Station, auf der ihr die beste Pflege und besondere Aufmerksamkeit zuteil wurde. Sie stand ständig unter Aufsicht.

Auf dieser Station bekam sie einen spontanen Bruch der linken Hüfte an derselben Stelle, an der sie zwanzig Jahre zuvor schon einmal einen Bruch gehabt hatte. „Spontan" bedeutet, ohne äußeren Einfluss. Der Grund für diesen Bruch war eine Schwäche der Hüfte.

Die Familie leitete ein Strafverfahren gegen mich und das Krankenhaus ein. Sie warfen mir vor, die Frau vernachlässigt zu haben und somit verantwortlich zu sein für den Bruch. Zum Glück kam diese Sache vor einen Richter, der die Absurdität dieser Vorwürfe erkannte und die Klage abwies.

Immer weniger Menschen übernehmen die Verantwortung für das eigene Verhalten. Anderen die Schuld für eigene Fehler zuzuschieben, wird zur Routine, und wir sind sogar ehrlich überrascht, wenn jemand sich weigert, auf dieses unreife und primitive Mittel der Drückebergerei zurückzugreifen.

Den Kindern unsere Wertmaßstäbe nahe bringen

Um Ihre Kinder richtig zu erziehen, sollten Sie Ihre eigenen Gedankenprozesse und Gefühle analysieren. Wollen Sie, dass Ihre Kinder das Leben so meistern wie Sie? Sind Sie sicher, Sie wissen, wie Sie zu Ihren Schlussfolgerungen gekommen sind oder wie Sie Entscheidungen treffen? Sie haben ein bestimmtes Raster, nach dem Sie Entscheidungen treffen, und das müssen Sie an Ihre Kinder in ihren verschiedenen Entwicklungsstufen weitergeben. Entscheidungen lassen sich auf unterschiedliche Weise treffen, und Ihre Kinder werden den Entscheidungsfindungsprozess vermutlich etwas anders angehen als Sie. Das ist in Ordnung, solange sie die Elemente der Integrität nicht aus dem Blick verlieren.

Erklären Sie Ihren Kindern Ihre Art zu denken

Leider lassen die meisten Eltern ihre Kinder nicht an ihren Gedankenprozessen teilhaben. Sie teilen ihnen nur ihre Entscheidungen mit. Aber so können die Kinder nicht erkennen, wie und warum ihre Eltern zu dieser bestimmten Schlussfolgerung und Meinung gekommen sind. Wenn Eltern ihren Kindern nicht erklären, wie sie zu ihren Meinungen und Schlussfolgerungen gekommen sind, müssen sie damit rechnen, dass ihre Kinder ihre Ideen, Überzeugungen und Wertvorstellungen eines Tages ablehnen. *Es ist ganz wichtig, Kinder selbstständiges Denken zu lehren.*

Sie können Ihre Kinder an Ihren Denkprozessen teilhaben lassen, wenn Sie Ihren Sätzen das Wort *weil* folgen lassen. Das erinnert Sie daran zu erklären, warum Sie fühlen und denken, wie Sie es tun. Es wird Sie zwingen zu überprüfen, ob Sie rational und logisch denken und Sie motivieren, vernünftig zu sein. Dadurch dass Sie mit Ihren Kindern über Ihre Gedankenprozesse sprechen, gewähren Sie ihnen gleichzeitig Einblick in Ihre Gefühle.

Rationales Denken basiert auf Gefühlen und Überzeugungen. Gerichtsverfahren machen deutlich, wie Menschen auf beiden Seiten von ihrer Fähigkeit des logischen Denkens überzeugt sein können, und doch kommen sie zu unterschiedlichen Schlussfolgerungen. Wie kann das sein, dass Menschen so vollkommen unterschiedlich denken und doch beide Seiten mit Logik vorgehen?

Wir könnten in Versuchung geraten zu sagen, das sei alles Politik, aber das ist nur ein Teil der Antwort. Selbst wenn Menschen von persönlichem Gewinnstreben oder dem Wunsch nach Vorwärtskommen beeinflusst sind, müssen wir fragen, wieso sie zu der Überzeugung kommen, ihr Standpunkt sei gerechtfertigt, obwohl er der Meinung anderer vollkommen zuwiderläuft. Die Antwort ist, dass unsere Argumentation von dem beeinflusst ist, was wir vorher geglaubt und gefühlt haben.

Wir versuchen unsere Schlussfolgerungen und Überzeugungen anhand von vergangenen Gefühlen zu legitimieren und zu „beweisen". Diese Gefühle und Überzeugungen sind in erster Linie von unseren Eltern und anderen Bezugspersonen aus unserer Kindheit geprägt. Das bedeutet, dass unser Hintergrund zum großen Teil vorgibt, welchen Standpunkt wir zu bestimmten Themen einnehmen.

In unserer Gesellschaft werden viele Kinder von ihren Eltern negativ beeinflusst. Weil diese Eltern nicht den proaktiven, sondern den reaktiven Erziehungsstil praktizieren, sorgen sie dafür, dass ihre Kinder das genaue Gegenteil von dem empfinden und glauben, was sie ihnen beibringen wollten.

Einige Eltern produzieren durch ihre irrationalen, zum Teil auf Ängsten oder falschen Informationen basierenden Überzeugungen und Verhaltensweisen viel Stress in ihren Kindern. Denken Sie beispielsweise an einige Auswüchse der Religion in unserer Gesellschaft, sogar bei christlichen Eltern. Einige Eltern machen den Teufel für Dinge verantwortlich, die ihnen nicht gefallen. Sie sind davon überzeugt, das Fehlverhalten ihrer Kinder sei auf eine dämonische Besessenheit zurückzuführen. Dies schafft unerträglichen Stress bei den Kindern. Mehr und mehr erleben wir Eltern, die ihre Kinder mit Problemen wie Lernschwierigkeiten und Essstörungen in die Beratungszentren bringen. Immer häufiger entwickeln Kinder auch einen bestimmten „Tick". Das alles sind Probleme, die auf Stress zurückzuführen sind oder durch Stress verstärkt werden. Doch einige dieser Eltern behaupten in Gegenwart der Kinder, sie seien von einem Dämon besessen und fordern eine Teufelsaustreibung. Es ist schwer zu beschreiben, was ein solcher Blödsinn bei den Kindern anrichtet.

Kluge Eltern achten darauf, dass ihre Glaubensüberzeugungen rational und für ihre Kinder logisch und gesund sind. Sie werden ihren Kindern auch helfen, ihre geistlichen Wertvorstellungen im Glauben und im Alltag zu verstehen. Eine solche Anleitung sollte auf eine entspannte und positive Weise geschehen. Wenn die Eltern versuchen, ein Kind nur durch Reaktion auf schlechtes Verhalten anzuleiten, werden sie Mühe haben, mit ihm über Wertvorstellungen oder ihre tiefsten Gefühle zu sprechen.

Ein Ziel der Erziehung ist, unsere moralischen und geistlichen Wertmaßstäbe an die nachfolgende Generation weiterzugeben – an unsere Kinder und über sie hinaus an ihre Kinder. Dies muss auf unseren tiefsten Gefühlen und Überzeugungen basieren, nicht auf Reaktionen auf ein bestimmtes Verhalten. Wenn wir eine Meinung ausdrücken, müssen wir unseren Kindern erklären, warum wir so denken, worauf wir diese Meinung gründen. Und wir müssen dies auf ruhige und glaubwürdige Weise tun.

Nehmen Sie sich Zeit zu reden

Es ist wichtig, dass Sie sich regelmäßig Zeit nehmen, um mit Ihren Kindern im Gespräch zu bleiben, von klein auf. Als Eltern sind Sie ihre wichtigsten Lehrer für das Leben. Wenn Sie mit Ihren Kindern sprechen und ihnen dadurch die Elemente klaren Denkens beibringen, sind Sie dem Spiel in der Anleitung voraus. Dies trifft vor allem auf den Umgang mit Zorn zu, dem schwierigsten Teil der Erziehung. Wenn Sie Ihren Kindern den Weg zeigen, indem Sie offen mit ihnen über Ihre Gedanken, Gefühle und Wertvorstellungen sprechen, bekommen die Kinder die Freiheit, dies auch zu tun.

Ich bin so stolz darauf, wie meine Tochter Carey und mein Schwiegersohn ihrer Tochter Cami beibringen, ihre Gedanken, Gefühle und Überzeugungen verbal auszudrücken. Wenn sie sich über etwas aufregt, ist Cami in der Lage, genau zu sagen, was sie bewegt und aus welchem Grund. Auf diese Weise können ihre Eltern sie leichter verstehen und die kritische Frage nach dem Warum stellen, wenn sie die Gründe für ihre verwirrenden Gedanken oder ihr Verhalten erfahren wollen.

Aus irgendeinem Grund halten viele Eltern diese wichtigsten Lektionen des Lebens vor ihren Kindern zurück. Auch wissen viele nicht, wann und wie sie ihren Kindern gestatten sollen, frei über ihre Gedanken und Gefühle zu sprechen. Aber wenn Eltern nicht wissen, was ihre Kinder denken und fühlen, haben sie keine Grundlage, auf der sie ihnen beibringen können, rational zu denken. Deswegen sind viele Kinder nicht in der Lage, ihrem Alter entsprechend logisch zu denken. Sie entwickeln diese Fähigkeit nicht und, schlimmer noch, lernen nie, mit ihrem Zorn richtig umzugehen.

Diese Art der Anleitung erfordert viel Zeit, doch sie bringt auch großen Gewinn. Ich spreche regelmäßig mit Eltern, die vor der Entscheidung stehen, ob die Mutter einen Job annehmen oder ob sie die Zeit lieber darauf verwenden soll, sich den Bedürfnissen ihrer Kinder anzunehmen. Zwar sieht die finanzielle Situation einiger Familien so aus, dass sie keine Wahl haben und die Frau mitarbeiten muss. Aber viele haben auch die Wahl. Sie sollten sich bewusst machen, dass sie viel Geld in der Zukunft sparen können, wenn sie viel Zeit mit ihren Kindern verbringen und ihnen diese wichtigen Dinge beibringen. Viele der Probleme, die Eltern mit ihren älteren Kinder haben, sind außergewöhnlich kostenaufwändig.

Gedanken oder Gefühle?

Unsere Kinder müssen ihre eigenen Gefühle respektieren, um die Gefühle anderer respektieren zu können. Aber zuerst müssen wir die Gefühle unserer Kinder respektieren, damit sie Respekt vor unseren Gefühlen haben. Wir tun dies, indem wir mit ihnen über unsere Gefühle sprechen und sie dann nach ihren Gefühle fragen. Wir müssen uns darüber im Klaren sein, dass Denken und Fühlen nicht dasselbe ist. Die meisten Menschen bauen ihre Meinungen und Schlussfolgerungen auf ihren Gefühle auf, ohne dass es ihnen bewusst ist. Anstatt logisch zu denken, reagieren sie emotional. Ihnen ist das logische Denken nie beigebracht worden. Wenn sie mit der unlogischen Grundlage ihrer Schlussfolgerungen konfrontiert werden, reagieren sie emotional und häufig zornig.

Sprechen Sie mit „Ich"-Botschaften über Ihre Gefühle

Wir sollten in „Ich"-Botschaften über unsere Gefühle sprechen. Durch das Personalpronomen drücken Sie Ihre Gefühle aus. Dadurch können Sie vermeiden, unfreundlich oder feindlich zu wirken. Sie könnten sagen: „Es macht mich traurig zu sehen, dass dieser Abgeordnete Geld genommen hat, damit er für eine bestimmte Sache stimmt. Das ist Bestechung." Auf diese Weise sagen Sie Ihre Meinung, bleiben freundlich und geben gleichzeitig die Gründe für Ihre Meinung an. Wenn Sie mit Ihren Kindern über bestimmte Themen sprechen, werden sie im Laufe der Jahre lernen, ihre eigenen Gefühle und Gedanken in Worte zu fassen.

Zeigen Sie Geduld, wenn Sie nicht einer Meinung sind

Denken Sie nicht, Sie müssten in Auseinandersetzungen mit Ihrem Kind als Sieger hervorgehen. Richtiges und logisches Denken ist ein sehr langwieriger Lernprozess. Während Ihr Kind entdeckt, dass es seine Gedanken und Gefühle vor Ihnen aussprechen kann, ohne dass Sie ihm vehement widersprechen, wird es zunehmend bereit sein, sich mit Ihnen darüber auseinander zu setzen. Wichtiger noch, es wird offen sein, die Themen von Ihrem Standpunkt aus zu betrachten und sich von Ihnen belehren und beeinflussen zu lassen. Wenn Sie Ihr Kind dazu bringen, Unstimmigkeiten so zu handhaben, wird es für Sie beide viel angenehmer.

Während Sie Ihr Kind zu gutem und richtigem Denken anleiten, vertieft sich Ihre Beziehung zu ihm. Das ist vor allem wichtig in Konfliktsituationen. Ihr Kind kann sich dann darauf verlassen, dass Sie sich selbst unter Kontrolle haben und ihm während einer Auseinandersetzung oder eines Konfliktes ein Vorbild sind. Dies wird den langen und herausfordernden Prozess der Erziehung leichter und angenehmer machen.

Auch im geistlichen Bereich verfahren Sie nach demselben Muster. Sie sprechen mit Ihrem Kind über Ihre Gedanken, Gefühle und Wertvorstellungen. Mit zunehmendem Verständnis im geistlichen Bereich erkennen Sie allmählich Ihren Einfluss auf die Art, wie Ihr Kind denkt und handelt. So wird eine Schutzmauer um Ihr Kind herum errichtet. Ein junger Mensch, der keine Wertvorstellungen besitzt, wird empfänglich für alle möglichen Ideen.

Ein weiterer Grund, warum es für Kinder so wichtig ist, die Gefühle der Eltern zu verstehen, ist der, dass wir in einer Zeit leben, in der wir in nie da gewesenem Maß mit Depressionen und Angst konfrontiert werden. Viele junge Leute können mit dem Druck und den Problemen des Lebens nicht fertig werden. Dies ist eine der Hauptursachen für das zunehmende Drogenproblem in unserer Gesellschaft. Junge Leute greifen zu diesem künstlichen und gefährlichen Mittel, um ihre Ängste zu beruhigen.

Das fehlende Bindeglied

Obwohl die Eltern die Schule in vieler Hinsicht unterstützen können, ist ihr wichtigster Beitrag jedoch die Erfüllung der emotionalen Bedürfnisse der Kinder. Die emotionale Reife eines Kindes ist die wichtigste Voraussetzung für seine Fähigkeit zu lernen und in der Schule zurechtzukommen.

In der Schule heute wird deutlich, dass viele Eltern ihren Kindern keine ausreichende emotionale Nahrung geben und ihnen nicht beibringen, klar zu denken. Fragen Sie die Lehrer, die seit vielen Jahren unterrichten, vor allem in städtischen Gebieten. Viele von ihnen werden Ihnen sagen, dass sie es mit emotional unreifen Kindern zu tun haben, deren Gewohnheiten unstrukturiert sind. Solche Kinder sind zum Lernen nicht bereit.

Eine Grundschullehrerin erzählte uns die Geschichte einer Mutter, die dem Lehrer ihres Kindes Vorwürfe machte, weil der Lehrer wollte, dass der Junge seinen Pudding mit einem Löffel essen sollte, anstatt mit den Fingern. Der Lehrer, der darauf bedacht war, zu einer Einigung zu kommen, fragte den Jungen, womit er denn zu Hause essen würde. „Meiner Mutter ist das egal. Wir essen nie zusammen." Daraufhin fügte die erzürnte Mutter hinzu: „Mein Junge hat das Recht, seinen Pudding so zu essen, wie er es möchte."

Diese Mutter bringt ihrem Sohn bei, dass er überhaupt nicht nachzudenken braucht. Er kann nach seinen Gefühlen handeln – oder besser noch nach ihren. Auch lehrt sie ihn, vor Autoritätspersonen keinen Respekt zu haben. Und sie macht denen, die jeden Tag mit ihrem Sohn zu tun haben, das Leben schwer.

Wenn Sie möchten, dass Ihre Kinder gut lernen, achten Sie darauf, dass ihre emotionale Reife ihrem Alter entspricht und dass sie gelernt haben, logisch zu denken. Sie sind ihr wichtigster Lehrer für diese so wichtigen Lektionen im Leben.

Mit Ihrem Kind vorausahnen

Die Mutter hatte dem kleinen Nils erzählt, sie würde am folgenden Tag mit ihm in den Zoo gehen. Doch eigentlich wollte sie ihn ins Krankenhaus bringen, wo ihm die Mandeln herausgenommen werden sollten. Da sie nicht so recht wusste, wie sie ihn auf die Operation vorbereiten sollte, verschwieg sie ihm das Ziel und den eigentlichen Zweck ihres Ausflugs. Als Nils nach der Operation aus der Narkose erwachte, schrie er stundenlang. Der Junge, der mit Nils zusammen auf dem Zimmer lag, war von seinen Eltern auf die Operation vorbereitet worden. Obwohl er Halsschmerzen hatte, freute er sich über das Eis, das die Schwestern ihm brachten. Er wunderte sich, warum der andere Junge ein solches Theater machte.

Ihr Kind vorbereiten

Solche Probleme sind keine Seltenheit. Um sicherzugehen, dass unsere Kinder im Leben klarkommen, müssen wir ihnen helfen, sich über Probleme Gedanken zu machen, bevor sie auf sie zukommen. Dabei müssen wir sehr vorsichtig vorgehen. Eine Achtjährige braucht noch nicht zu wissen, was sie erst als Vierzehnjährige erleben wird. Aber vorbereiten müssen wir sie, da dies der wichtigste Schutz vor allem ist, was ihnen in der nahen Zukunft begegnen wird.

Wie können wir unsere Kinder über mögliche Gefahren aufklären, ohne ihnen Angst zu machen oder Ängste in ihnen zu wecken? Denken wir an Nils. Seine Mutter hätte einen oder zwei Tage vor der Operation mit ihm zum Krankenhaus fahren und ihm erklären können, was passieren würde. Eine solche Vorbereitung hätte Nils Zuversicht gegeben. Er hätte sich darauf verlassen können, dass seine Eltern nach der Operation bei ihm sein würden.

Es hat für ein Kind enorme Vorteile, wenn es ein mögliches Problem im Voraus durchdenkt. Das Kind hat die Situation in seiner Fantasie bereits durchlebt und weiß, wie es mit den einzelnen Eventualitäten umgehen wird. Das bedeutet, es kann die Kontrolle behalten, wenn die Situation tatsächlich eintritt.

Vorbereitung auf Freundschaft und Sexualität

Ein klassisches Beispiel dafür steht im Zusammenhang mit Freundschaft, vor allem bei Mädchen. Ein kluger Vater wird „Verabredungen" mit seiner Tochter treffen, sie zum Essen und zu verschiedenen Veranstaltungen ausführen, damit sie weiß, wie es ist, mit einem männlichen Partner auszugehen. Wenn sie dann später Verabredungen mit Jungen trifft, wird sie nicht ängstlich oder verwirrt sein. Stattdessen wird sie das Gefühl haben, die Situation unter Kontrolle zu haben und sich nicht den Wünschen oder der Kontrolle anderer unterwerfen. Dieser kluge Vater wird ihr erklärt haben, wie sie mit schwierigen Situationen umgehen muss: Sie wird wissen, wie sie sich verhalten soll und wie sie bei Problemen mit ihren Eltern in Verbindung treten kann.

Sie wird sich sicher und zuversichtlich fühlen. Die Tochter wird wissen und sich vielleicht sagen: *Ich bin schon mit meinem Vater ausgegangen. Ich kann selbstständig denken und mit dieser Situation fertig werden, ich brauche nicht zu tun, was andere sagen. Wenn ich Hilfe brauche, ist Papa für mich da. Ich bin ein eigenständiger Mensch.*

Stellen Sie sich vor, Ihre Tochter oder Ihr Sohn im Teenageralter ist in der Lage, so zu denken, anstatt den typischen Druck der Altersgenossen zu empfinden. Ein unvorbereiteter Teenager ist ängstlich, unsicher und daher leicht von einem Partner, einem Freund oder skrupellosen Menschen zu beeinflussen.

Wir müssen unsere Kinder auch auf die Konfrontation mit dem Thema Sexualität vorbereiten, dem sie immer wieder in den Medien und in Gesprächen begegnen. Wenn Kinder Fragen zum Thema Sexualität stellen, werden kluge Eltern darauf antworten, aber nur dem Reifegrad der Kinder entsprechend. Hierbei sollte man vorsichtig vorgehen und dieses Thema keinesfalls negativ darstellen. Eltern sollten mit ihren Kindern über die richtigen Rahmenbedingungen für Sex sprechen und ihnen Sex, der so praktiziert wird, wie Gott es vorgesehen hat, als etwas Positives und Wundervolles darstellen. Bitte denken Sie daran, dass niemand sonst Ihren Kindern diese Art der Anleitung geben wird.

Außerdem müssen kleinere Kinder auf die Sprache und Verhaltensweisen vorbereitet werden, denen sie in der Schule und beim Spielen mit anderen Kindern begegnen. Dann wissen sie, dass bestimmte Wörter weder schön noch lustig sind.

Gewalt in der Gesellschaft und in den Medien bietet den Eltern ebenfalls eine gute Gelegenheit zum Gespräch mit ihren Kindern. Sie wollen Ihre Kinder beschützen und wünschen sich, dass sie so wenig wie möglich mit so etwas konfrontiert werden. Und doch wissen Sie, dass ihnen Gewalt überall begegnen wird, in Kindersendungen im Fernsehen, ja selbst bei den Nachrichten. Wenn sie sich solche Sendungen ansehen, möchten Sie, dass die Kinder rational darauf reagieren und nicht gefühllos werden wie viele Menschen heute. Sie möchten, dass Ihre Kinder empfänglich sind für den Schmerz und die Qual des Opfers und empfindlich reagieren auf die Rücksichtslosigkeit und die Brutalität des Täters.

Nutzen Sie Situationen, in denen die Kinder aufnahmefähig sind

Erkennen Sie den Faden der proaktiven Erziehung, der sich durch alles hindurchzieht? Sie warten nicht, bis etwas Schreckliches passiert und reagieren erst dann. Sie ahnen voraus. Sie bereiten vor. Sie denken voraus. Sie sorgen dafür, dass Ihr Kind so gut vorbereitet und beschützt wie möglich ist. Je älter Ihr Kind ist, desto mehr muss der Schutz von innen heraus wirksam sein, weil Sie nicht immer in seiner Nähe sind. Dies ist positive Erziehung.

Diese Art der Vorbereitung und des Lehrens kann nicht wie eine Geschäftssitzung durchgeführt werden. Bei Kindern müssen Sie erkennen, wann sie aufnahmefähig sind. Dies ist der Fall, wenn Ihr Kind Fragen zu einem bestimmten Thema stellt. Ihr Kind ist dann bereits interessiert und ergreift die Initiative. Das bedeutet, es ist motiviert zu lernen und wird fast immer auf das reagieren, was Sie ihm vermitteln wollen. Nutzen Sie solche Gelegenheiten, denn sie sind sehr wertvoll.

Besonders aufnahmefähig sind Kinder, wenn sie sich in der „warum"-Phase befinden und die Eltern mit Fragen bombardieren. Sie sollten sich darüber freuen, wenn Ihr Kind Fragen stellt, weil das bedeutet, dass es offen ist für Ihre Antworten. Dies bedeutet jedoch auch, dass Sie für Ihr Kind erreichbar sein müssen, wenn solche Fragen ganz natürlich auftauchen. In den vergangenen Jahren haben wir immer wieder gehört, entscheidend sei die Qualität der mit Ihrem Kind verbrachten Zeit. Dabei wird jedoch vergessen, dass die Fragen und Bedürfnisse eines Kindes vielleicht gerade nicht in dieser Zeit entstehen, die wir uns für das Kind nehmen. Angemessene Erziehung bedeutet, dass die Eltern erreichbar sind, wenn Fragen auftauchen.

Aufnahmebereit ist ein Kind auch, wenn es sich Ihnen emotional besonders nahe fühlt, zum Beispiel kurz vor dem Schlafengehen, wenn Sie Ihrem Kind regelmäßig vorlesen, den Tag mit ihm durchsprechen und beten. Die Zeit vor dem Schlafengehen ist eine wunderbare Gelegenheit, emotionale Bedürfnisse zu erfüllen und Ihrem Kind Anleitung und Führung zu geben, in einer Atmosphäre, die das Kind gut in Erinnerung behält.

Pat und ich haben oft einem Kind allein etwas vorgelesen, ein Kinderbuch oder auch eine Geschichte aus der Bibel. Oft habe ich auch Geschichten erfunden, mit denen ich den Kindern etwas Bestimmtes klarmachen wollte. Wir haben auch kurze Andachten gelesen, über die wir uns dann unterhalten haben. Wenn die Kinder Fragen zu den Geschichten stellten, haben wir uns gefreut, denn dadurch haben sie uns ihre Herzen geöffnet. Bei vielen Büchern sind nach jeder Geschichte Fragen angegeben, die für die Eltern sehr hilfreich sein können, vor allem, wenn ein Kind sich nicht zu der vorgelesenen Geschichte äußert.

Die Zeit vor dem Schlafengehen haben wir auch genutzt, um über negative Dinge zu sprechen, die die Kinder im Laufe des Tages vielleicht erlebt haben. Und wir hatten immer ein offenes Ohr für die Schwierigkeiten der Kinder. In dieser entspannten Atmosphäre spürten unsere Kinder, dass sie uns alles anvertrauen konnten und wir offen waren für ihre Anliegen.

Ein Kind loslassen

Da unsere Gesellschaft für unsere Kinder in zunehmendem Maße gefährlich wird, ist es umso wichtiger zu erkennen, wann wir sie loslassen müssen. Ich meine nicht nur das Loslassen, wenn sie als junge Erwachsene ihr Elternhaus verlassen. Ich meine all die großen und kleinen Gelegenheiten, wo die Kinder von einer Phase der Aktivität zur nächsten übergehen. Wir müssen sie loslassen und ihnen ein höheres Maß an Verantwortung und Unabhängigkeit zubilligen. Einige Kinder bleiben vermutlich länger als andere Kinder ihres Alters in einer abhängigen Situation. Das kann das Alter sein, in dem sie anfangen, sich mit Freunden oder Freundinnen zu verabreden oder aber der Besuch bestimmter gesellschaftlicher Ereignisse, bei denen die Eltern der Meinung sind, das Kind sei noch nicht bereit dafür.

Das Loslassen ist ein immer während Prozess, und wir können uns dem stellen, indem wir das Kind anleiten, die Konsequenzen für sein Verhalten zu verstehen. Dies ist zuerst ein langsamer Prozess, der sich beschleunigt, wenn das Kind zum Teenager wird. Es muss begreifen, dass Privilegien von verantwortlichem Verhalten abhängig sind. Machen Sie Ihrem Teenager klar, dass er mehr Privilegien bekommt, je angemessener und verantwortungsbewusster er sich verhält. Sie möchten in der Lage sein, so viel wie möglich zu erlauben, aber auch die Freiheit haben, etwas zu verbieten, wenn Sie es für angebracht halten. Je mehr sich Ihr Teenager an diese Abhängigkeit zwischen verantwortlichem Verhalten und Privilegien gewöhnt, desto mehr weiß er, dass Sie ihm von Herzen ein glückliches Leben wünschen und desto leichter wird es für Sie zu entscheiden, was angemessen ist.

Dieser Ansatz des Zusammenhangs zwischen Verhalten und Privilegien ist nicht leicht für Eltern. Dafür braucht man Mut. Wenn Sie Ihre Kinder jedoch von klein auf richtig angeleitet haben, wird es in der Teenagerzeit umso leichter sein. Ich hoffe, Sie werden mein Buch *Teenager brauchen mehr Liebe* lesen, wenn Ihre Kinder in diese schwierige Entwicklungsphase kommen. In dem Kapitel

„Von der Beherrschung durch die Eltern zur Selbstbeherrschung" wird etwas ausführlicher auf dieses Thema eingegangen.

Es ist eine der größten Herausforderungen für Eltern, ihrem Kind ausreichenden Schutz zu bieten und es zum richtigen Zeitpunkt loszulassen. Auf der einen Seite wollen wir sicher sein, dass unser Kind mit einer bestimmten Situation umgehen kann, bevor wir ihm gestatten, unabhängig zu werden. Doch keinesfalls soll das Kind den Eindruck gewinnen, wir würden versuchen, es zurückzuhalten oder daran hindern, in einem bestimmten Bereich unabhängig zu werden. Kluge Eltern machen ihrem Kind klar, dass sie sich freuen, wenn es so schnell wie möglich unabhängig wird. Aber kluge Eltern werden ihm auch versichern: „Ich achte immer auf deine Sicherheit und auf dein Wohlergehen. Wenn wir zu der Überzeugung kommen, dass du in der Lage bist, selbst auf dich aufzupassen, werden wir dich loslassen – aber wir werden immer da sein, um dir zu helfen."

Ja, Schutz und Loslassen gehen Hand in Hand. Zuerst kommt der Schutz, dann das Loslassen.

5. Der vierte Grundstein: Anleitung zum Umgang mit dem Zorn

Die junge Mutter blieb mit ihrem Einkaufswagen stehen, den sie im Supermarkt durch die Gänge geschoben hatte, und sah ihrem etwa dreijährigen Sohn in die Augen. Mit ruhiger, aber bestimmter Stimme sagte sie: „Leg ... das ... zurück!"

„Aber ich will das haben!", jammerte ihr Sohn. Sein Griff um die Cornflakes-Packung mit den Ninja Turtles wurde fester.

„Leg das zurück!", sagte die Mutter lauter. Sie wurde immer ärgerlicher. In diesem Augenblick ließ das Baby im Einkaufswagen das Marmeladenglas fallen, das es umklammert gehalten hatte. Als es auf den Boden schepperte, schrie die Mutter: „Das reicht jetzt!" Zornig gab sie dem Baby einen Klaps, entriss dem Dreijährigen die Packung Cornflakes und knallte sie ins Regal zurück. Sie schnappte sich den Jungen und eilte in Richtung Kasse, während sie den Einkaufswagen vor sich herschob. Das Baby schrie, ihr Sohn protestierte: „Lass mich runter, lass mich runter!"

Der unangemessene Umgang mit dem Zorn ist die Wurzel der meisten Probleme in unserem persönlichen Leben, in unseren Familien und in unserer Gesellschaft. Der Grund dafür ist, dass man den angemessenen Umgang mit dem Zorn erst lernen muss. Der reife Umgang mit dem Zorn muss zu Hause gelehrt werden, doch leider passiert das heutzutage nur selten. Wurde Ihnen beigebracht, wie Sie mit Ihrem Zorn umgehen sollen? Vermutlich nicht. Und vermutlich ist das auch bei Ihren Bekannten nicht der Fall gewesen.

Nur wenige Eltern sind sich darüber im Klaren, dass es zu ihren wichtigsten Aufgaben gehört, ihr Kind anzuleiten, in der richtigen

Art und Weise mit seinem Zorn umzugehen. Auch scheint den Eltern nicht klar zu sein, dass die Anleitung des Kindes zum richtigen Umgang mit dem Zorn zu den schwierigsten Bereichen der Erziehung gehört.

Die Anleitung des Kindes zum richtigen Umgang mit dem Zorn ist der vierte Grundstein der Kindererziehung. Und doch wissen wir nicht so genau, wie wir das schaffen sollen. Vielleicht ist der Grund der, dass die meisten von uns diese Emotion, den *Zorn*, missverstehen: Warum wir ihn empfinden, wie wir ihn ausdrücken und wie wir den Umgang damit ändern können. Wenn Eltern nicht wissen, was Zorn ist und nicht richtig damit umgehen können, werden sie nicht in der Lage sein, ihren Kindern beizubringen, wie sie sich verhalten sollen, wenn sie zornig sind. Denn, wir können es nicht leugnen, wir alle sind regelmäßig mehr oder weniger zornig. Doch wenn Kinder zornig werden, reagieren die meisten Eltern falsch. Der Hauptgrund dafür ist, dass die Eltern selbst nie gelernt haben, mit ihrem Zorn umzugehen. Sie müssen das erst einmal lernen, um in der Lage zu sein, in ihrem Zorn nicht zu sündigen (Epheser 4,26), wie der Apostel Paulus schreibt.

Eine lebenslange Bedrohung

Der Zorn ist eine lebenslange Bedrohung für Ihr Kind. Je besser es lernt, seinen Zorn unter Kontrolle zu bekommen, desto besser wird es im Leben zurechtkommen. Der falsche Umgang mit dem Zorn kann dem Leben Ihres Kindes schaden oder es sogar zerstören. Es kann der Grund sein für jedes vorhandene oder mögliche Problem oder kann es erschweren, von schlechten Noten bis hin zu geschädigten Beziehungen, Depressionen und möglicher Selbstmordgefahr. Es ist ungeheuer wichtig, Ihr Kind jetzt und in der Zukunft vor einem falschen Umgang mit seinem Zorn zu schützen.

In der Gesellschaft finden wir viele Beispiele für einen ungesunden Umgang mit dem Zorn. Gewalt entfaltet sich in jeder Umgebung, sogar in den Schulen, in den Gemeinden und in unserer

Nachbarschaft. Die Anleitung des Kindes zum richtigen Umgang mit dem Zorn ist jedoch nicht die Aufgabe der Gesellschaft. Diese langwierige und schwierige Aufgabe ist Sache der Eltern. Doch leider passiert das in vielen Familien nicht. Den meisten Kindern wird sogar ein falscher oder unangemessener Umgang mit ihrem Zorn beigebracht – und sie lernen diese Lektionen zu Hause von Eltern, denen nicht klar ist, was sie ihren Kindern damit antun. Sie benehmen sich einfach nur so, wie sie sich immer benommen haben, wie sie es von ihren Eltern gelernt haben.

Unkontrollierter Zorn drückt sich in irrationalem Verhalten und Gewaltanwendung aus. Er nimmt uns unsere Fähigkeit, vernünftig zu denken und übt einen destruktiven Einfluss auf die Motivationen eines Menschen aus. Der auf ein kleines Kind gerichtete Zorn ist Angst machend. Ein Kind ist dem elterlichen Zorn schutzlos ausgeliefert, und aus diesem Grund ist er seine größte Angst. Wenn die Eltern nicht lernen, ihren eigenen Zorn und den ihres Kindes zu kontrollieren, wird sich diese Angst in Groll verwandeln und die Kinder gegen die Eltern einnehmen.

Ja, es stimmt, dass Zorn auch eine positive Seite hat – wenn er kontrolliert und dazu eingesetzt wird, Veränderung zu bewirken. Es gibt Situationen, in denen wir einen gerechten Zorn empfinden sollten, wenn ein bestimmtes Verhalten oder eine bestimmte Einstellung anderen schadet. Aber selbst dabei muss der Zorn kontrolliert und konstruktiv geleitet werden.

Das Ziel für Eltern wie für Kinder ist, den Zorn auf positive Weise einzusetzen. Um dieses Ziel zu erreichen, müssen Sie zuerst begreifen, wie der Verstand auf Zorn reagiert.

Verschiedene Möglichkeiten, auf Zorn zu reagieren

Wir können nur auf zweierlei Art und Weise auf Zorn reagieren – durch Wort und durch Tat. Darum sind unsere Kinder in dem Ausdruck ihres Zorns recht beschränkt. Beides, das Verhalten und die Worte, gefallen den Eltern nicht. Wenn ein kleines Kind seinen

Zorn im Verhalten ausdrückt, indem es zum Beispiel den Kopf auf den Boden knallt, Spielzeug herumwirft, schlägt oder tritt, kann dieses Verhalten nicht einfach so hingenommen werden. Fasst das Kind seinen Zorn dagegen in Worte, wird es den Eltern sicherlich respektlos und unangemessen begegnen. Darum sind beide Ausdrucksformen seines Zorns nicht akzeptabel.

Nur zwei Möglichkeiten

Was für ein schreckliches Dilemma für das Kind, das nur diese beiden Möglichkeiten hat, seinen Zorn zu zeigen. Es kann ihn nicht unterdrücken. Früher oder später wird er in irgendeiner Form herauskommen. Niemand weiß, wie viele Menschen deprimiert oder krank sind oder im Gefängnis sitzen, weil sie in der Kindheit ihren Zorn unterdrückt haben.

Was für ein Dilemma für die Eltern! Wenn wir einem Kind nicht gestatten, seinen Zorn auszuleben, dann muss es den Zorn immer tiefer in sich verschließen, was zu schwerwiegenden Problemen in seinem späteren Leben führen wird. Äußert es seinen Zorn entweder durch sein Verhalten oder durch seine Worte in einer destruktiven Weise, wird es von uns bestraft. Folglich hat das Kind keine andere Wahl, als seinen Zorn in Zukunft zu unterdrücken. Auf jeden Fall wird es keinen reifen Umgang mit seinem Zorn lernen.

Dies ist ein weiteres Beispiel für die Bestrafungsfalle, in die so viele Eltern tappen, weil sie denken, die Strafe an sich sei der richtige Weg, den Kindern den Umgang mit ihrem Zorn beizubringen. Genau dies ist der Punkt, an dem Eltern proaktiv sein müssen und nicht reaktiv. Anstatt einfach nur auf den Zorn zu reagieren und zu versuchen, ihn zu überwinden, werden kluge Eltern diesen Augenblick nutzen, um das Kind weiterzubringen. Sicher, das Verhalten muss vielleicht kontrolliert und geändert werden, aber diese klugen Eltern sind im Augenblick mehr an der langfristigen Lektion interessiert, die es zu lernen gilt.

Ein weiterer Fehler, den Eltern machen, wenn ihr Kind einen

Zornesausbruch hat, ist der, dass sie explodieren und ihren eigenen Zorn an ihrem Kind auslassen. Aber denken Sie daran, ein Kind ist dem Zorn der Eltern hilflos ausgeliefert. Es kann sich nicht dagegen verteidigen.

Sicherlich stecken das Kind und die Eltern in einem Zwiespalt. Was ist zu tun? Erstens müssen Sie sich erneut bewusst machen, dass ein Kind, das sich geliebt fühlt, viel leichter zu lenken ist als ein Kind, das sich nicht geliebt fühlt. Darum ist die *wichtigste Voraussetzung bei der Anleitung zum Umgang mit dem Zorn, dass der emotionale Tank Ihres Kindes gefüllt ist.*

Auch sollten Sie sich darüber im Klaren sein, dass der schwierigste Teil der Erziehung die Anleitung des Kindes ist, richtig mit seinem Zorn umzugehen. Ein Grund dafür ist, dass es Ihnen vielleicht selbst sehr schwer fällt, die emotionale Selbstbeherrschung zu bewahren. Trotzdem müssen Sie genau das Ihrem Kind beibringen. Es ist eine Tatsache, dass Kinder unreif sind und unreif mit ihrem Zorn umgehen, bis es ihnen anders beigebracht wird. Bis dahin werden die natürlichen und normalen Zornesausbrüche Ihres Kindes Sie auf die Palme bringen.

Antworten auf ein Dilemma

Da es nur zwei Möglichkeiten gibt, Zorn auszudrücken, liegt es an Ihnen zu bestimmen, für welche der Möglichkeiten sich Ihr Kind entscheidet. Was ist besser – die verbale Reaktion oder das Verhalten? Die verbale Reaktion natürlich.

Darum ist *bei der Anleitung zum richtigen Umgang mit Zorn wichtig, das Kind zu ermutigen, seinen Zorn in Worte zu fassen.* Reife im Umgang mit Zorn zeigt sich folgendermaßen:

- indem man Worte für seine Zorn findet, also durch verbalen Ausdruck
- durch Freundlichkeit

- durch ein Gespräch mit der Person, auf die man wütend ist
- man findet Wege, den Zorn mit sich selbst abzumachen.

Wenn Ihr Kind seinen Zorn verbal ausdrückt, auch wenn dies unfreundlich geschieht, ist es auf dem Weg, reif mit seinem Zorn umzugehen. Warum? Weil es von Reife zeugt, wenn ein Kind seinen Zorn in Worte fasst. Wenn Sie Ihrem Kind keine Möglichkeit geben, seinen Zorn irgendwie zum Ausdruck zu bringen, ist es gezwungen, ihn zu unterdrücken. Doch irgendwann wird der Zorn unterbewusst durch passiv-aggressives Verhalten zum Vorschein kommen (das heißt, indirektes, aber negatives Verhalten, ein Begriff, mit dem wir uns später noch befassen werden). *Sie können Ihr Kind nicht anleiten, in der richtigen Weise mit seinem Zorn umzugehen, wenn das Kind nicht zuerst für seinen Zorn Worte findet.*

Wenn Ihr Kind zornig ist und seinen Zorn in Worte fasst, ist das nicht gerade angenehm. Ihre typische Reaktion darauf wird ebenfalls Zorn sein – Sie werden vielleicht sogar noch zorniger als das Kind und zum Beispiel schreien: „Wie kannst du es wagen, so mit mir zu reden? Ich will so etwas nie wieder von dir hören. Hast du verstanden?"

Wenn das Kind seinen Zorn nicht verbal ausdrücken kann, hat dieses unglückliche Kind zwei Möglichkeiten. Es kann Ihnen gehorchen und nicht noch einmal so reden. Dann muss es seinen Zorn unterdrücken. Es wird dann nicht nur den Zorn unterdrücken müssen, mit dem es zu Ihnen gekommen ist, sondern auch den Zorn auf Sie. Auf diese Weise wird Ihr Kind bestimmt passiv-aggressive Züge entwickeln. Ihrem Kind bleibt noch die andere Möglichkeit, Ihnen nicht zu gehorchen und seinen Zorn durch sein Verhalten herauszulassen. Dann haben Sie wirklich ein Problem!

Sie können Ihr Kind nicht anleiten, richtig mit seinem Zorn umzugehen, wenn Sie ihm nicht beibringen, ihn verbal zum Ausdruck zu bringen.[1] Wenn Sie das unterlassen, lernt Ihr Kind nie den reifen Umgang mit seinem Zorn. Dies ist die Bestrafungsfalle in voller Größe, durch die die Kinder gegen die Eltern eingenommen werden und die autoritätsfeindliche Haltungen und Gefühle in den Kindern wachruft. Leider ist so etwas in vielen Familien heute keine Seltenheit.

Zorn und passiv-aggressives Verhalten

Mias Geschichte

Holger und Ute hatten ernste Eheprobleme und dachten, ein Kind könnte sie einander vielleicht wieder näher bringen. Mia war das Ergebnis dieser Hoffnung. Sie war ruhig, leicht zu lenken und kam in der Schule und mit Freunden gut zurecht. Sie war ein hübsches Kind und anderen gern gefällig.

Obwohl sie sich keine niedlichere Tochter hätten wünschen können, waren Holger und Ute nicht in der Lage, ihre Beziehung zu verbessern. Sie versuchten es kurz mit einer Eheberatung, die sie jedoch abbrachen, als Ute nach Mias Einschulung wieder berufstätig wurde. Innerhalb von einem Jahr wurden die Eheprobleme so schlimm, dass Holger und Ute sich trennten. Mia blieb bei ihrer Mutter. Die Veränderung schien keine Auswirkungen auf sie zu haben. Sie erzählte den Leuten, ihre Eltern hätten sich für kurze Zeit getrennt, würden aber bald wieder zusammenziehen.

Sechs Monate später reichten Holger und Ute die Scheidung ein. An diesem Punkt zeigte Mia eine sichtbare Reaktion. Ihre Konzentration und Mitarbeit in der Schule ließen nach. Sie zog sich von ihren Freunden und den wichtigen Erwachsenen in ihrem Leben zurück. Zu Hause weinte sie und flehte ihre Mutter an, sich doch nicht scheiden zu lassen. Zuerst reagierte Ute mitfühlend, später mit Ungeduld und schließlich mit einer guten Portion Zorn. „Wir werden uns scheiden lassen", erklärte sie Mia, „und du wirst dich eben daran gewöhnen müssen."

Nie wieder ließ Mia ein Wort über die Scheidung verlauten. Ihre Mitarbeit in der Schule besserte sich, und sie zeigte auch wieder Interesse an anderen Aktivitäten. Doch ihr Zorn schwelte weiter.

Mit dem Teenageralter kam er durch klassisches passiv-aggressives Verhalten zum Ausbruch. Ihre Noten wurden dramatisch schlecht, und sie verhielt sich ihren Eltern und anderen Erwachsenen gegenüber feindlich. Dann wurde sie beim Ladendiebstahl ertappt. Bald darauf wurde sie schwanger und ließ eine Abtreibung vornehmen. An diesem Punkt schickte Ute ihre Tochter in eine Therapie, obwohl sie damit rechnete, dass sie sich unkooperativ verhalten würde. Zu Utes Erstaunen wusste Mia die ehrliche Sorge zu schätzen, die sie in den Beratungssitzungen erlebte. Da sie von Natur aus ein freundliches und kooperatives Kind war, kamen diese Züge ihrer Persönlichkeit bald wieder zum Vorschein, und sie machte ausgezeichnete Fortschritte. Sie vermutete, die Scheidung ihrer Eltern hätte viel mit ihrem Verhalten zu tun, aber sie war erstaunt über das Ausmaß des Zorns, den sie so viele Jahre lang in sich verschlossen hatte.

Mia reagierte gut auf die Therapie, und allmählich lernte sie, wieder liebevoll mit ihren Eltern und auch mit anderen Erwachsenen umzugehen. Sie gehört zu den Glücklichen, die rechtzeitig Hilfe bekamen. Ihre Geschichte unterstreicht die weit reichenden Folgen, die eine Scheidung für die Kinder haben kann. Häufig übersehen wird dabei der Zorn der Kinder, um den sich die Eltern in ihrer eigenen Traurigkeit und ihrem Zorn nicht kümmern. Die Eltern sind viel zu sehr damit beschäftigt, sich an die neuen Lebensumstände zu gewöhnen. Weil ihre Kinder anscheinend gut zurechtkommen, ignorieren sie das, was vermutlich unter der Oberfläche schwelt.

Was ist passive Aggression?

Passiv-aggressives Verhalten ist der unterbewusste Entschluss, genau das Gegenteil von dem zu tun, was von einem erwartet wird. Anders ausgedrückt, es ist die unterbewusste Motivation, genau das Gegenteil von dem zu tun, was die Autoritätsperson (Eltern, Lehrer, Arbeitgeber, Partner) einem aufträgt. Es ist eine feine Art der Aggression, eine hintergründige Art, gegen eine andere Person vorzugehen. Dazu gehört Manipulation anderer, um die eigenen selbstsüchtigen Wünsche durchzusetzen.

Mia zeigte die klassische Art von passiv-aggressivem Verhalten in ihrem Bemühen, ihren Zorn zum Ausdruck zu bringen. Da sie nicht in der Lage war, über ihren Schmerz und ihren Zorn zu sprechen, fand sie passive Formen des Ausdrucks, häufig unterbewusst. Der Zweck des passiv-aggressiven Verhaltens ist, die Eltern oder die Autoritätsperson zu verärgern. Denken Sie daran, dies ist ein unterbewusster Prozess; das Kind weiß nicht oder nicht in vollem Maß, warum es dies tut. Es ist vielleicht genauso erstaunt wie die Eltern. So etwas kann in allen Familien vorkommen.

Verbal und kontrollierter (freundlicher) Ausdruck zeugt von einem reifen Umgang mit dem Zorn und führt meistens zur Lösung des Zorns. Passive Aggression dagegen ist die schlimmste Art des Umgangs mit dem Zorn. Passiv-aggressives Verhalten ist bösartig, unterschwellig und durchdringt alles. Es hat schon mehr Leben geschädigt und zerstört, als man sich vorstellen kann. Dieses Verhalten ist das Ergebnis einer negativen Erziehung und vermeidbar, wenn Eltern ihren Kindern gute Anleitung zum reifen Umgang mit dem Zorn geben.

Bei dem sechzehnjährigen Jannik finden wir die typische Art von passiver Aggression. Dieser Junge ist recht intelligent und hat keinerlei Lernschwierigkeiten. Er möchte gute Noten erreichen und arbeitet hart dafür. Doch er bringt schlechte Noten nach Hause, was weder er noch seine Eltern verstehen. Warum erzielt dieses intelligente Kind, das so viel lernt, keine bessere Leistungen? Jannik ist zornig auf seine Eltern und sucht eine Möglichkeit, seinen Zorn zum Ausdruck zu bringen. Darum tut er genau das Gegenteil von dem, was seine Eltern möchten. Er ist sich dessen nicht bewusst. Bis seine Eltern die Gründe für dieses erstaunliche, aber durchaus nicht ungewöhnliche Problem verstehen, wird alles, was sie tun, die Situation noch verschlimmern.

Passiv-aggressives Verhalten erkennen

Anzeichen für passiv-aggressives Verhalten

Eltern können passive Aggression durchaus erkennen.

- Das Verhalten scheint keinen Sinn zu machen. Janniks Eltern wissen, dass ihr Sohn gute Noten bekommen möchte, darum können sie nicht begreifen, warum er sich so verhält.
- Die Eltern können das Verhalten durch nichts korrigieren. Da der Zweck des Verhaltens ist, Autoritätspersonen zu erzürnen, wird nichts Wirkung zeigen. Janniks Eltern haben versucht, ihn für gute Noten zu belohnen. Sie versuchten es mit Strafe. Im Unterbewussten sorgte Jannik dafür, dass nichts funktionierte, weil seine eigentliche Absicht war, seine Eltern zu ärgern.
- Das Kind ist von seinem Verhalten am meisten betroffen. Jannik litt unter den schlechten Noten. Und doch änderte er sein Verhalten nicht.

Normales und extremes passiv-aggressives Verhalten erkennen

Passiv-aggressives Verhalten ist nur in einer Phase im Leben eines Kindes zu finden – zu Beginn der Teenagerzeit, zwischen dreizehn und fünfzehn. Es ist normal, wenn es keinen Schaden anrichtet. Die meisten Teenager machen diese Phase der Verwirrung und Rebellion durch, um die Reife der Erwachsenen zu erlangen. Während dieser Phase müssen sie lernen, angemessen mit ihrem Zorn umzugehen, sonst zeigen sie als Erwachsene auf Dauer passiv-aggressives Verhalten. Ihre Beziehungen können dann in jedem Bereich ihres Lebens zerstörerisch sein.

Vor einigen Jahrzehnten hatten die jungen Leute, wenn sie in ihre rebellische Phase kamen, nur wenige Möglichkeiten, ihren Zorn herauszulassen. Ihre Aktivitäten waren relativ harmlos. Sie haben vielleicht einen Baum in Toilettenpapier eingepackt. Aber solche Streiche waren wirklich harmlos im Vergleich zu den Gefahren heute: Drogen, Gewalt, Verbrechen, sexuelle Aktivität oder Selbstmord. Heute erleben wir, wie skrupellose und böse Menschen sich diese normalen Triebe der Jugend zu Nutze machen und viel Geld verdienen, indem sie die Kinder in Versuchung führen. Waffen, Alkohol, Drogen, Pornographie und illegaler Sex, sie machen vor nichts mehr Halt.

Eltern müssen lernen, zwischen harmlosem passiv-aggressivem Verhalten und extremem Verhalten zu unterscheiden. Das unordentliche Zimmer eines Vierzehnjährigen ist harmlos und kann toleriert werden. Marihuana zu rauchen ist möglicherweise lebensbedrohend und darf nicht toleriert werden. Es ist eine große Herausforderung für die Eltern, Möglichkeiten zu finden, dieses normale passiv-aggressive Verhalten in die richtigen Kanäle zu leiten, aber es ist zu schaffen, weil es viele positive Möglichkeiten gibt, die Sehnsucht eines Teenagers nach Aufregung und Gefahr zu befriedigen. Anstrengende körperliche Aktivitäten, wie zum Beispiel Bergsteigen und Fahrrad fahren, sowie Mannschaftssport und andere Sportarten sind eine gute Möglichkeit, die Energie des heranwachsenden Jugendlichen herauszufordern. Diese Phase des Lebens sollte gesund und aufregend verlaufen, da der junge Mensch jetzt lernt, sich selbstsicher und unabhängig in der Welt der Erwachsenen zu bewegen.

Auf die Reife zubewegen

Umgang mit dem Zorn mit siebzehn

Ihr Ziel ist es, dass Ihr Kind seinen Zorn im Griff hat, wenn es siebzehn ist. Nur durch den reifen und akzeptablen Umgang mit dem Zorn kann Ihr Kind die frühe Teenagerphase des passiv-aggressiven Verhaltens verlassen. Die traurige Wahrheit ist, dass viele Erwachsene diese Phase nie überwunden haben, weil ihnen nie beigebracht worden ist, ihren Zorn zu verstehen oder richtig damit umzugehen.

Die Mehrheit der Eltern macht den Fehler zu denken, jeder Ausdruck von Zorn sei falsch und müsse bei einem Kind geahndet werden. Aber auf diese Weise lernt ein Kind nie, konstruktiv mit seinem Zorn umzugehen. Darum wird das Kind noch als Erwachsener seinen Zorn unangemessen zum Ausdruck bringen und damit den Boden für viele Probleme des Leben bereiten, zum Beispiel Abbruch des Studiums, Schwierigkeiten am Arbeitsplatz und Eheprobleme. Eltern, die nicht wollen, dass ihr Kind seinem eigenen Zorn zum Opfer fällt, müssen das Kind zu einem angemessenen Umgang mit seinem Zorn anleiten.

Obwohl Sie bereits sehr früh mit der Anleitung zum richtigen Umgang mit dem Zorn beginnen, sollten Sie nicht damit rechnen, erste Früchte Ihrer Bemühungen zu sehen, bevor das Kind sechs oder sieben Jahre alt ist. Denken Sie daran, Ihr Kind hat nur zwei Möglichkeiten, seinen Zorn zu zeigen – durch seine Worte und durch sein Verhalten. Sobald es seinen Zorn durch Worte zum Ausdruck bringt, können Sie beginnen, es anzuleiten, richtig mit diesem Zorn umzugehen. Bevor Ihr Kind sechs oder sieben Jahre alt ist, ist Ihre wichtigste Aufgabe zu verhindern, dass passiv-aggressiver Zorn der kontrollierende Faktor in seinem Ausdruck des Zorns wird. Ein leerer emotionaler Tank ist ein fruchtbarer Boden für passiv-aggressiven Zorn. Wenn Sie den emotionalen Tank Ihres Kindes durch bedingungslose Liebe gefüllt halten, können Sie es darauf vorbereiten, seinen Zorn verbal auszudrücken. Ihr Kind braucht dann nicht durch sein Verhalten zu fragen: „Liebst du mich noch?"

Die Zornesleiter

Der Begriff der Zornesleiter kann Ihnen helfen, bei der Anleitung Ihrer Kinder zum richtigen Umgang mit dem Zorn das Ziel zu erkennen. Die Zornesleiter beginnt auf den unteren Stufen mit den am wenigsten effektiven Formen des Umgangs mit dem Zorn und steigt zu zunehmend effektiveren Formen auf. Kleine Kinder stehen vermutlich auf der untersten Stufe dieser Leiter. Ihr Ziel ist es, mit ihnen zu arbeiten, ihnen zu helfen, von einer Stufe auf die nächste hochzusteigen, sich von passiv-aggressivem Verhalten und verbalem Missbrauch zu positiveren Möglichkeiten des Umgangs mit dem Zorn hochzuarbeiten. Dies wird Jahre der Anleitung und viel Geduld erfordern, da nur langsam Fortschritte erzielt werden. Sehen Sie sich die Zornesleiter auf Seite 99 an. Passiv-aggressives Verhalten ist ganz unten auf der Leiter zu finden ist. Dies steht für widerspenstiges Verhalten. Sie wissen ja, es ist für die ersten Teenagerjahre normal, solange andere Menschen nicht zu Schaden kommen. Sie müssen in jedem Alter mit Ihrem Kind arbeiten, um Fortschritte zu erzielen, aber Sie dürfen keine unmittelbaren und schnellen Ergebnisse erwarten. Ihr Kind kann immer nur eine Stufe nach der anderen erklimmen, und es wartet vielleicht eine Weile, bevor es die nächste Stufe in Angriff nimmt.

Ihr Kind soll lernen, seinen Zorn in Worte zu fassen. Um dies zu erreichen, werden Sie sich mit einigen nicht akzeptablen und respektlosen Formen des Ausdrucks abfinden müssen, sonst besteht die Gefahr, dass Ihr Kind seinen Zorn unterdrückt. Später zeigt er sich dann in Verhaltensweisen, die vollkommen inakzeptabel sind.

Positiv

1. ANGENEHMES VERHALTEN * LÖSUNGEN SUCHEN * ZORN AUF DIE EIGENTLICHE URSACHE KONZENTRIEREN * SICH AUF DIE URSPRÜNGLICHE BESCHWERDE BESCHRÄNKEN * LOGISCH DENKEN
2. ANGENEHMES VERHALTEN * ZORN AUF DIE EIGENTLICHE URSACHE KONZENTIEREN * SICH AUF DIE URSPRÜNGLICHE BESCHWERDE BESCHRÄNKEN * LOGISCH DENKEN

Positiv und negativ

3. ZORN AUF DIE EIGENTLICHE URSACHE KONZENTRIEREN * SICH AUF DIE URSPRÜNGLICHE BESCHWERDE BESCHRÄNKEN * LOGISCH DENKEN * unangenehmes und lautes Verhalten
4. SICH AUF DIE URSPRÜNGLICHE BESCHWERDE BESCHRÄNKEN * LOGISCH DENKEN * unangenehmes, lautes Verhalten * Zorn auf andere Ursachen ausdehnen, die ursprünglich nichts mit der Sache zu tun haben
5. ZORN AUF DIE EIGENTLICHE URSACHE KONZENTRIEREN * SICH AUF DIE URSPRÜNGLICHE BESCHWERDE KONZENTRIEREN * LOGISCH DENKEN * unangenehmes, lautes Verhalten * Beschimpfungen
6. LOGISCH DENKEN * unangenehmes, lautes Verhalten * Zorn auf andere Ursachen ausdehnen, zusätzliche Beschwerden vorbringen

Vorwiegend negativ

7. unangenehmes, lautes Verhalten * Zorn auf andere Ursachen ausdehnen * zusätzliche Beschwerden vortragen * emotional destruktives Verhalten
8. unangenehmes, lautes Verhalten * Zorn auf andere Ursachen ausdehnen * zusätzliche Beschwerden vorbringen * Beschimpfungen * emotional destruktives Verhalten
9. unangenehmes, lautes Verhalten * Fluchen * Zorn auf andere Ursachen ausdehnen * Beschimpfungen * emotional destruktives Verhalten
10. ZORN AUF EIGENTLICHE URSACHE KONZENTRIEREN * unangenehmes, lautes Verhalten * Fluchen * Zorn auf andere Ursachen ausdehnen * mit Gegenständen werfen * emotional destruktives Verhalten
11. unangenehmes, lautes Verhalten * Fluchen * Zorn auf andere Ursachen ausdehnen * mit Gegenständen werfen * emotional destruktives Verhalten

Negativ

12. ZORN AUF EIGENTLICHE URSACHE KONZENTRIEREN * unangenehmes, lautes Verhalten * Fluchen * Eigentum anderer zerstören * Beschimpfungen * emotional destruktives Verhalten
13. unangenehmes, lautes Verhalten * Fluchen * Zorn auf andere Ursachen ausdehnen * Eigentum anderer zerstören * Beschimpfungen * emotional destruktives Verhalten
14. unangenehmes, lautes Verhalten * Fluchen * Zorn auf andere Ursachen ausdehnen * Eigentum anderer zerstören * Beschimpfungen * Handgreiflichkeiten * emotional destruktives Verhalten
15. passiv-aggressives Verhalten

Anmerkung

Begriffe in Großbuchstaben zeigen positive Arten auf, Gefühle des Zorns auszudrücken. Aus: Ross Campbell, *Bevor der Kragen platzt.* Marburg 1997, Seite 60.

Ein „Selbstgespräch"

Wenn ich mit zornigen Schimpfkanonaden von einem meiner Kinder konfrontiert wurde, musste ich mich häufig ins Selbstgespräch flüchten. Ich erinnerte mich dann daran, wie positiv es war, dass das Kind seinen Zorn nun in Worte fasste und dass es sich auf einer höheren Stufe befand als noch ein Jahr zuvor. Auch rief ich mir in Erinnerung, dass dieses Kind nicht Gefahr lief, seinen Zorn in sich hineinzufressen und passiv-aggressiv zu werden. Eine solche Haltung der Eltern mag zu nachlässig erscheinen. Wir müssen uns jedoch klarmachen, dass unreife Kinder jeder Altersstufe ihren Zorn unreif ausdrücken. Wenn wir als Eltern zornig werden und verhindern, dass sie ihren Zorn verbal herauslassen, können wir sie nicht zu reiferen Formen des Ausdrucks anleiten.

Wenn Ihr Kind zornig wird, sollten Sie sich fragen: „Verhält sich dieses Kind normalerweise respektvoll? Ist es normalerweise kooperativ?" Wenn die emotionalen Bedürfnisse Ihres Kindes erfüllt sind, werden Sie diese Fragen bejahen.

Ist es zu viel verlangt, dafür dankbar zu sein, wenn Ihr Kind seinem Zorn Ausdruck verleiht und dabei noch den eigenen Zorn im Zaum zu halten? Natürlich ist das nicht leicht, aber es ist eine Übung, an der Sie selber reifen können. Sie müssen immer das Ziel im Auge behalten, denn Sie wollen Ihr Kind, Ihre Familie und auch sich selbst in der Zukunft vor Schmerz und Problemen bewahren.

Dies mag verwirrend für Sie sein. Wenn Sie jedoch Ihr Kind seinen Zorn verbal zum Ausdruck bringen lassen, so bietet Ihnen dies eine Gelegenheit zur Anleitung. Aber achten Sie darauf, dass Sie die Selbstbeherrschung nicht verlieren.

Es gibt Kinder, die ihren Zorn selbst über die nichtigsten Dinge immer wieder verbal äußern. Sie tun dies vielleicht, um ihre Eltern zu manipulieren und ihren Willen durchzusetzen. Verbal zum Ausdruck gebrachter Zorn, der andere nur verärgern und verletzen will, ist unangemessen und muss korrigiert werden. Eltern dürfen so etwas nicht durchgehen lassen. Dabei sollten die Eltern geduldig, aber entschieden auftreten.

Wenn es für den Zorn Ihres Kindes keinen ersichtlichen Grund gibt, wenn es Sie vielleicht einfach nur manipulieren möchte, sollten Sie darauf wie auf jedes andere Fehlverhalten reagieren. Doch selbst bei einem inakzeptablen Zornesausbruch müssen Sie sorgfältig darauf achten, dass sich nicht Ihr Zorn über das Kind entlädt. Bleiben Sie freundlich, aber fest.

Effektive Anleitung zum Umgang mit dem Zorn

Wenn Ihr Kind Ihnen gegenüber normale und gelegentliche Zornesausbrüche hat, ist dies eine gute Gelegenheit zur Anleitung. Diese Anleitung kann jedoch erst geschehen, wenn Sie beide sich beruhigt haben und die guten Gefühle wiederhergestellt sind. Damit die Anleitung effektiv ist, sollte sie so bald wie möglich nach dem Zwischenfall geschehen. Sie sollten die folgenden drei Regeln beachten, wenn Sie Ihrem Kind helfen wollen, seinen Zorn auf positive Weise zu bewältigen:

- Machen Sie Ihrem Kind klar, dass Sie es nicht tadeln wollen. Es hat vielleicht bereits Schuldgefühle. Wenn Sie es dann tadeln, wird es vielleicht nie wieder seinen Zorn in Worte fassen, und Sie könnten ihm nicht helfen, auf der Zornesleiter zu einer positiveren Art des Umgangs mit dem Zorn hochzusteigen. Das Kind muss wissen, dass Sie es als Person mit eigenen Gefühle akzeptieren und dass Sie diese Gefühle kennen lernen wollen. Wenn es glücklich ist, wollen Sie es wissen, und wenn es traurig oder zornig ist, möchten Sie das auch erfahren.

- Konzentrieren Sie sich auf das, was Ihr Kind richtig gemacht hat. Indem es Ihnen gegenüber seinen Zorn in Worte fasst, hat es schon einiges richtig gemacht. Ihr Kind hat z. B. nicht seinen jüngeren Bruder geschlagen oder den Hund getreten. Es hat Ihnen gesagt, dass es zornig ist, und genau das wollten Sie ja.

- Helfen Sie Ihrem Kind zu verstehen, dass es seinen Zorn das nächste Mal etwas positiver ausdrücken kann. Durch Bitten können Sie ihm klarmachen, dass die Verantwortung bei ihm liegt und Sie von ihm mehr erwarten. Dies passiert nicht über Nacht, aber Sie werden eine stetige Annäherung an Ihr Ziel bemerken, während Ihr Kind erste Schritte auf den Weg zu einer reifen Persönlichkeit geht.

Zorn durch Vergebung auflösen

Vergebung vorleben

Beim Zusammenleben als Familie wird es immer wieder vorkommen, dass man sich gegenseitig verletzt, und jeder sollte von Zeit zu Zeit die schwierigen Worte aussprechen: „Es tut mir Leid. Verzeihst du mir?" Da wir Eltern kein Ausbund an Vollkommenheit sind, müssen auch wir gelegentlich um Verzeihung bitten – den Partner, Freunde und Geschäftskollegen und auch unsere Kinder.

Unsere Kinder sind vielleicht zornig, weil sie finden, wir hätten uns ihnen gegenüber unfair verhalten. Ja, manchmal tun wir unseren Kindern Unrecht und verärgern sie. Es gibt aber auch Situationen, wo wir uns vom Standpunkt des Erwachsenen aus im Recht glauben und wo unsere Kinder aus ihrer Sicht der Meinung sind, wir wären im Unrecht. Denn immerhin haben wir es genau damit zu tun – mit der Sicht des Kindes. Wenn wir uns eine innige, liebevolle Beziehung zu unseren Kindern wünschen, ob sie nun zwei oder zwanzig sind, dürfen wir nicht außer Acht lassen, wie sie das Leben und sich selbst sehen. Und wenn wir sie verletzt haben, selbst wenn es nicht mit Absicht geschehen ist, müssen wir uns entschuldigen und sie um Vergebung bitten.

Eine mir bekannte Mutter sagte immer wieder zu ihren Kindern: „Wenn ich etwas tue oder sage, das euch ärgert, solltet ihr mir das sagen. Nicht im nächsten Jahr, sondern noch am selben oder am folgenden Tag."

Sie sagte dies, als ihre Kinder noch zu Hause waren und sagt es auch noch zu ihren erwachsenen Kindern, da es auch bei erwachsenen Kindern immer wieder zu Missverständnissen kommen kann. Unser Leben als Erwachsene spielt sich auf mehr Ebenen ab als das der heranwachsenden Kinder. Während wir versuchen, die vielen Kleinigkeiten des Alltags zu bewältigen, kann es leicht passieren, dass wir etwas sagen oder tun, das die Kinder als lieblos oder gefühllos empfinden.

Da wir jeden Tag mit der Lebensperspektive des Kindes konfrontiert werden, müssen wir um Vergebung bitten – nicht nur für die Tat selbst, sondern für unsere fehlende Sensibilität den Gefühlen unseres Kindes gegenüber. Oder wir nehmen die Gelegenheit wahr, bestimmte Dinge zu erklären, die wir mit diesem Kind bisher noch nicht besprochen hatten. In jedem Fall ist dies die Gelegenheit, einander näher zu kommen.

Vergebung lehren

Vergebung ist eng verbunden mit dem Ausdruck des eigenen Zorns. Wir lehren unsere Kinder zu vergeben nicht nur, indem wir ihnen dies innerhalb der Familie vorleben, sondern auch durch unsere Reaktion auf Verletzungen, die wir selber erleben.

Für Vergebung gibt es viele Definitionen, doch eine gefällt mir besonders: Vergebung ist, wenn man das Recht aufgibt, mit jemandem abzurechnen. Sie ist die Entschlossenheit, Schmerz, Trauer und Verletzung loszulassen. Manche Menschen meinen, wir sollten erst vergeben, wenn der andere sein Tun bereut, aber in der Bibel steht etwas anderes. Wir werden angewiesen, anderen zu vergeben, wie uns vergeben worden ist – siebzig mal sieben Mal (Matthäus 18,22). Uns wird auch aufgetragen zu vergeben, wie Christus uns vergeben hat (Epheser 4,32).

Wir müssen jedoch die Bereitschaft zur Vergebung haben, bevor wir tatsächlich vergeben können. Wenn wir noch immer Zorn und Wut empfinden, sind wir nicht zur Vergebung bereit, und unser Versuch wird nutzlos sein.

Eine Verletzung und die Notwendigkeit zur Vergebung sind nicht immer nur eine persönliche Angelegenheit zwischen zwei Menschen. In manchen Situationen kann man einfach nicht zur Normalität zurückkehren, bis man eine Lösung gefunden hat. Dazu braucht man vielleicht einen Außenstehenden. Jesus hat sich während seines Dienstes auf der Erde zu dieser Angelegenheit geäußert, und in Matthäus 18,15-20 lesen wir von den Schritten, die zu tun sind, um nach einer tief gehenden Verletzung zu einer Lösung zu kommen.

Vergebung ist eine geistliche Angelegenheit und muss wie jede andere geistliche Erfahrung gehandhabt werden – mit der Hilfe Gottes. Wenn wir über unsere Notwendigkeit zu vergeben beten, wird Gott unseren Schmerz lindern, aber in der Regel geschieht das langsam und allmählich. Wenn Menschen großes Unrecht getan worden ist, dauert es manchmal Jahre, bis sie zur Vergebung bereit sind. Wir wissen, dass wir diesen Punkt erreicht haben, wenn der Gedanke an den Menschen, der uns verletzt hat, keine Rachegefühle mehr in uns hervorruft. Dann sind wir bereit zu vergeben und uns von den negativen Gedanken und Gefühlen diesem Menschen gegenüber zu befreien.

Eine solche vollkommene Vergebung ist eine schöne und befreiende Erfahrung und sehr wichtig für die Heilung und die Erhaltung eines gesunden geistlichen Lebens.

Lassen Sie Ihren Zorn nicht an Ihrem Kind aus

Je effektiver Sie zu Hause mit Ihrem Zorn umgehen – Ihrem eigenen und dem Ihres Kindes – desto weniger wird er über die Familie hinausgehen. Wenn Sie es versäumen, Ihr Kind zu Hause anzuleiten, macht sich sein passiv-aggressives Verhalten auch außerhalb des Hauses bemerkbar, und es können peinliche und möglicherweise gefährliche Probleme auftreten. Bestimmt ist es Ihnen lieber, sich innerhalb Ihrer Familie mit dem normalen passiv-aggressiven Verhalten Ihres Kindes zu beschäftigen.

Wichtig ist, dass Sie Ihren Zorn nicht an Ihrem Kind auslassen. Vielleicht hilft es Ihnen, wenn Sie sich abends vor dem Zubettgehen vornehmen: „Ich will in den nächsten vierundzwanzig Stunden meinen Zorn nicht an meinem Kind auslassen." Schreiben Sie sich diesen Satz jeden Abend vor dem Schlafengehen in ein Notizbuch. Vielleicht vermerken Sie auch, wie Ihnen dies gelungen ist. Wenn Sie dann doch die Fassung verloren und Ihr Kind angebrüllt haben, schreiben Sie es nieder. Notieren Sie auch die Umstände, wie es dazu gekommen ist. Überlegen Sie, wie Sie es das nächste Mal besser machen können.

Wir alle brauchen in diesem schwierigen Bereich die Hilfe unseres himmlischen Vaters. Das Gebet ist eine ganz wesentliche Hilfe beim Umgang mit unserem Zorn. Vielleicht ist es hilfreich für Sie, Ihre Gebete niederzuschreiben, damit Sie sich auf sie beziehen können, wenn Ihnen das Beten schwer fällt. Sie könnten auch einige Bibelverse aufschreiben, die Sie in schwierigen Zeiten aufrichten. Unser himmlischer Vater sorgt für Sie, und er möchte uns helfen, wenn wir uns voll und ganz auf ihn verlassen.

Ihr Kind merkt, wenn Sie versuchen, freundlicher und weniger zornig zu werden, und es weiß Ihre Bemühungen zu schätzen. Damit tragen Sie zum Glück Ihres Kindes bei und helfen ihm, ein produktives Leben zu führen.

Denken Sie immer daran, der wichtigste Teil bei der Anleitung der Kinder zum richtigen Umgang mit dem Zorn ist Ihre bedingungslose Liebe zu ihnen. Wenn sie sich sicher fühlen in Ihrer

Liebe, werden sie auf Ihre Anleitung reagieren, und die Wahrscheinlichkeit ist größer, dass Sie ihnen helfen können, zu emotional reifen Menschen heranzuwachsen.

Anmerkungen

[1] Weitere Tipps zur Anleitung des Kindes zum Umgang mit dem Zorn finden Sie in Gary Chapman und Ross Campbell, *Die fünf Sprachen der Liebe für Kinder; Wie Kinder Liebe ausdrücken und empfinden.* Lesen Sie auch Ross Campbell, *Bevor der Kragen platzt; Vom Umgang mit Aggression und Ärger in der Erziehung.*

6. Kinder und Medien

Als ich mir das Endspiel der Fußball-Weltmeisterschaft ansehen wollte, wusste ich nicht genau, welcher Sender die Übertragung brachte, also zappte ich durch mehrere Programme, um es zu finden. Auf dem ersten Kanal wurde ein Film gezeigt, in dem ein Ehepaar ein anderes zu einem Partnertausch zu überreden versuchte. Angewidert schaltete ich um. Doch auf diesem Sender sah ich zu, wie zwei Homosexuelle eine „Liebesaffäre" hatten. Ich schaltete auf den dritten Sender, und da hatte ich die Gelegenheit, mit anzusehen, wie eine Frau mit unaussprechlich sadistischer Gewalt terrorisiert wurde. Auf dem vierten Kanal fand ich endlich das Spiel. Immer wieder wurde dieses Spiel jedoch durch Werbeeinspielungen unterbrochen. Geworben wurde mit provokanten sexuellen Botschaften für verschiedene Biersorten. All dies zu einer Zeit, wo Kinder in der Regel noch vor dem Fernsehgerät sitzen.

Ich fange mit dem Fernsehen an, aber wir alle wissen, dass zu den Medien, gegen die wir Eltern gewappnet sein sollten, auch die gedruckten Medien, Filme, Videospiele und Computer mit Internetzugang zu Websites der Erwachsenen gehören. Alle Eltern sind sich der möglichen Gefahren bewusst und machen sich Gedanken darüber. Und doch läuft in vielen Familien das Fernsehgerät mehrere Stunden pro Tag, und schon kleine Kinder sitzen oft stundenlang vor der Flimmerkiste.

Viele Eltern sind verunsichert und wissen nicht, wie sie dieses Medium in seine Schranken weisen sollen. Es scheint so, als machten die heutigen Formen der Unterhaltung die Erziehungsmethoden der Vergangenheit ineffektiv und sogar zu einem Problem in sich selbst. Die Kinder verlieren das Gefühl für die ungesunden Botschaften der Medien. Wenn sie dann in die Pubertät kommen, haben sie noch mehr destruktive Ventile zur Verfügung.

Viele Eltern beklagen, dass im Fernsehen so wenig bewunderns-würdige Dinge gesendet werden. Auch biete es unseren Kindern täglich zu viele Auswahlmöglichkeiten.

Als Eltern müssen wir die Gefahren erkennen, die durch zu viele Entscheidungsmöglichkeiten entstehen. Wir müssen uns daran erinnern, dass das Wohlergehen unserer Kinder nicht nur von Nah-rung, Sonnenlicht und Bewegung abhängt; sondern auch von Freundschaft, Arbeit und Liebe, aber auch von ihrer Sicht der Welt. Unterschwellig tragen die Medien dazu bei, ihre Weltsicht zu for-men.

Die Medien sollten umfassend informieren, aber sie haben eine Neigung zu schlechten Nachrichten. Unfälle, Verbrechen, Kon-flikte und Skandale sind von Interesse. Normalität ist langweilig. Die Vorherrschaft von schlechten Nachrichten und die Macht des Bildes ermutigen dazu, das Risiko eines Unfalls, einer Krankheit, einer Gewalttat und die Häufigkeit von Untreue in der Ehe zu überschätzen.

In einer verkabelten Welt, in der es kein Tabu mehr gibt, können die Medien uns falsch informieren. Sie können uns misstrauisch, ängstlich und zynisch machen.

Und im Hintergrund lauert der Säkularismus – der uns einredet, die Menschen seien Selbstversorger und brauchten Gott nicht.

Und schließlich entsteht im Zeitalter der schnellen Kommuni-kation, in der nur wenig Raum ist zum Nachdenken für Genauig-keit, Ausgewogenheit oder Integrität, durch die Medien der Ein-druck, unsere Welt sei von Unmoral beherrscht, nichts sei mehr heilig, niemand verhalte sich mehr beispielhaft, und es gebe keine Vorbilder mehr.

Das Fernsehen ist nur ein Medium, aber ein Medium, das alle Gesellschaftsschichten durchdringt. In vielen deutschen Haushal-ten steht mindestens ein Fernsehgerät, in manchen sogar mehrere. Fernsehen und seine Medienbrüder üben Einfluss aus auf eine sich verändernde Kultur. Wir müssen unsere Kinder anleiten, mit die-sen schädlichen Botschaften umzugehen. Ganz eindeutig brauchen wir einen neuen Erziehungsansatz. Es steht zu viel auf dem Spiel –

nicht nur die Fähigkeit unserer Kinder, sich zu geistig gesunden Menschen zu entwickeln, sondern auch unsere ganze Gesellschaft, denn in einigen Jahren werden unsere Kinder diese Gesellschaft sein.

Korrumpierende Botschaften in den Medien

Das Internet

Mit all seinen aufregenden Möglichkeiten, die uns eine größere Welt erschließen, kann das Internet für unsere Kinder und Teenager zu einer großen Gefahr werden. Eltern, denen ihre Kinder am Herzen liegen, können nicht die Augen verschließen, wenn ihre Kinder das Internet benutzen. Diese Angelegenheit ist sehr ernst, und einige Eltern müssen sich überlegen, wo ihr Computer stehen sollte. Die meisten Kinder werden sich pornographisches und gewalttätiges Material nicht ansehen, wenn sie sich mit anderen Familienmitgliedern im selben Raum aufhalten. Kindern privaten Zugang zum Internet zu gewähren, selbst wenn sie es positiv einsetzen, geht von der Zeit ab, die sie sonst mit der Familie verbringen würden.

Leider achten viele Eltern nicht darauf, und ihre Kinder sehen sich abscheuliches sexuelles Material an, unglaubliche Gewaltszenen und Informationen über Waffen und Bomben. Wir brauchen angemessene Sicherheitsvorkehrungen, um unsere Kinder während der Zeit ihres Heranwachsens zu schützen und zu führen. Alle Eltern, die einen Computer zu Hause stehen haben, sollten lernen, genauso gut damit umzugehen wie ihre Kinder, damit sie überwachen können, was in ihrem Haus vor sich geht.

Wenn Teenager regelmäßig im Internet surfen, besteht die Gefahr, dass sie Bekanntschaft schließen mit Erwachsenen, die sie vielleicht ausnutzen wollen. Eine Mutter erzählt: „Als wir Internetanschluss bekamen, hing unsere dreizehnjährige Tochter stundenlang vor dem Computer. Zuerst dachten wir, dass sie vielleicht wertvolle Erfahrungen sammeln würde. Doch dann begann der Ärger. Sie chattete nur noch bei geschlossener Tür. Männliche Anrufer weigerten sich, ihren Namen zu nennen. Andere legten auf, wenn sich ein Erwachsener meldete. Besondere Angst machte uns, als unsere Tochter ein Treffen mit jemandem vereinbarte, den sie in einem Chatroom kennen gelernt hatte. Dieses Treffen sollte während unserer Abwesenheit stattfinden."

Gewalt im Fernsehen und auf Video

Das Fernsehen hat großen Einfluss auf das Verhalten unserer Kinder. Ich habe mir einmal eine Sendung angesehen, in der von einer interessanten Untersuchung zum Fernsehverhalten von Kindern berichtet wurde. Es wurde ein Video gezeigt, in dem eine Gruppe von Vier- und Fünfjährigen vor einem Fernsehgerät saß. Ihre Eltern beobachteten sie hinter durchsichtigen Spiegeln. Zuerst sahen sich die Kinder einen Zeichentrickfilm an, in dem getanzt wurde. Nach ein paar Minuten begannen auch die Kinder zu tanzen. Sie machten die Zeichentrickfiguren nach. Die Eltern lächelten amüsiert.

Dann wurden die Power Rangers gezeigt, die sich mit ihren Karateschlägen und Tritten gegen ihre Feinde zur Wehr setzten. Innerhalb kürzester Zeit gingen die meisten Kinder mit ähnlichen Schlägen aufeinander los. Ein Mädchen, das sich zuerst zurückgezogen hatte, machte bald mit und versuchte, ihren Kameraden wehzutun. Dieses Mal waren die Eltern schockiert, nicht nur über das Verhalten ihrer Kinder, sondern auch über die deutliche Demonstration, welche Auswirkungen das Ansehen von Gewalt auf die Kinder hat.

Diese Demonstration dauerte nur wenige Minuten. Stellen Sie sich vor, welchem Einfluss die Kinder ausgesetzt sind, die regelmäßig Gewaltsendungen sehen.

Zweifellos nimmt die Darstellung von Gewalt im Fernsehen und auf Video zu. Die Programmgestalter, die sich die Aufmerksamkeit der Kindern sichern wollen, müssen die Sensibilisierung gegenüber der Gewalt überwinden. Die Kinder stumpfen ab, darum müssen immer schockierendere und destruktivere Szenen gezeigt werden. Ich habe acht Jahre in der Navy der USA gedient, habe in den primitivsten Gegenden der Welt medizinische Hilfe geleistet und glaubte, alles gesehen zu haben. Was für ein Irrtum! Die Leute jedoch, die diesen Dingen gegenüber abgestumpft sind, bemerken nicht, welche Abgründe sich in unseren Alltag eingeschlichen haben.

Viele Arten von Gewalt, die wir im Fernsehen zu sehen bekommen, würden wir nicht im Traum selbst ausüben wollen. Doch das Nachahmungsphänomen zeigt, dass diese unglaublichen Gewaltakte das Verhalten in unserer Gesellschaft in einem niederschmetternden Ausmaß beeinflussen.

Nur kurz zuvor gesehene Gewaltszenen können ein Kind dahingehend beeinflussen, selber gewalttätig zu werden. Es ist heute unbestritten, dass es einen direkten Zusammenhang gibt zwischen aggressivem und ungehorsamem Verhalten von Kindern und der Zahl der vor dem Fernsehgerät verbrachten Stunden. Je länger Kinder vor dem Fernsehgerät sitzen, desto aggressiver und impulsiver wird ihr Verhalten. Bereits fünfundzwanzig Stunden Fernsehen pro Woche können für ein zunehmend aggressives Verhalten, Fettleibigkeit und Schlafstörungen bei Kindern verantwortlich sein. Wir sollten unsere Kinder vor den destruktiven und korrumpierenden Einflüssen von Gewalt in den Medien schützen.

Filme, Zeitschriften und sexuelle Botschaften

Vor nicht allzu langer Zeit war Frank, ein fünfunddreißigjähriger Mann, bei mir in Behandlung. Er besaß sehr ausgeprägte Wertvorstellungen. Und doch hatte dieser ernsthafte und weichherzige Mann mit Angst und Depressionen zu kämpfen. Außerdem hatte er Probleme im Umgang mit dem anderen Geschlecht. Ich stellte fest, dass Frank unter starken Schuldgefühlen litt, die daher rührten, dass er als Teenager pornographische Hefte gelesen hatte. Das war im Haus seines Freundes Jack passiert, dessen Mutter den Jungen dieses Material gegeben und außerdem auch noch pornographische Filme mit ihnen angeschaut hatte. Franks Eltern wussten nichts davon und wären natürlich sofort eingeschritten, wenn Frank ihnen davon erzählt hätte.

Seine Geschichte ist nicht ungewöhnlich. Sein Heilungsprozess dauerte sehr lange. Er begriff, dass er von falschen Schuldgefühlen geplagt wurde, die auch einen normalen Umgang mit Frauen verhinderten. Er fing an, mit Frauen auszugehen und heiratete schließlich. Frank und seine Frau Alice haben mittlerweile eine wundervolle Familie gegründet und mit einigen anderen Ehepaaren eine freundschaftliche Beziehung aufgebaut.

Die Konfrontation mit sexuell verderbten Szenen lässt ein Gefühl der Unwürdigkeit entstehen. Sexuelle Reinheit ist ein kostbarer Besitz, den wir sowohl unseren Kindern und uns selbst bewahren sollten. Vergebung durch unseren himmlischen Vater wird uns „reinigen von aller Ungerechtigkeit" (1.Johannes 1,9), aber wie viel besser ist es, ein Kind davor bewahrt zu haben.

Verzerrte Botschaften

Wenn Sie mit Ihrem Kind fernsehen, achten Sie einmal darauf, was in den Sendungen über Integrität vermittelt wird. Sie erinnern sich sicher noch an die drei Elemente der Integrität: bei der Wahrheit bleiben, seine Versprechen halten und Verantwortung für das eigene Verhalten übernehmen. Doch in vielen Filmen macht man sich über diese Werte lustig, die Wahrheit wird missachtet und der Lügner verherrlicht. Immer wieder hört man die Worte „ich verspreche es", und man weiß von vornherein, dass die handelnden Figuren ihre Versprechen gar nicht erfüllen können oder auch gar nicht die Absicht haben, sie zu erfüllen.

Ein Beispiel dafür ist das gebrochene Eheversprechen im Film. Die Ehe wird häufig sehr negativ dargestellt, als etwas, das uns einschränkt und daran hindert, glücklich zu sein. Dadurch können viele Kinder zu der Überzeugung kommen, dass die Ehe eine überholte Institution ist. Sex vor und außerhalb der Ehe ist in vielen Filmen etwas völlig Normales.

In vielen beliebten Kindersendungen fehlt der Respekt vor Autoritätspersonen. Sie werden als dumm, unfähig und lächerlich hingestellt. Durch das, was die Kinder in den Medien sehen, werden sie beeinflusst. Das Fernsehen prägt ihre Einstellung zu richtig und falsch mit, es hat Einfluss auf ihre Wertvorstellungen von Familie und geistlichen Dingen. Doch wie kann unsere Gesellschaft überleben, wenn unsere Kinder verführt werden, genau das Gegenteil von dem zu tun, was gut und richtig ist?

Eltern im Zwiespalt

In vielen Familien steht das Fernsehgerät an einem hervorgehobenen Platz und läuft fast ununterbrochen, oft auch während des Essens. Kinder, die in einer solchen Umgebung aufwachsen, können von den Geräuschen abhängig werden, so dass sie keine Stille mehr ertragen. Dies wirkt sich nicht nur auf ihre innere Entwicklung aus, sondern beeinflusst auch ihr Verhalten in Situationen, wenn sie leise sein sollten, zum Beispiel während der Schule und im Gottesdienst.

Im Vergleich zu den Stunden, die sie vor dem Fernsehgerät sitzen, widmen Kinder den wirklich wichtigen Bereichen ihres Lebens sehr wenig Zeit. Eine Studie ergab, dass ein Schulkind in der Woche durchschnittlich eine halbe Stunde mit seinem Vater und eineinhalb Stunden mit seiner Mutter verbringt, fünf Stunden sitzt es wöchentlich an den Hausaufgaben, und eine knappe halbe Stunde widmet es dem Lesen außerhalb der Hausaufgaben. Vergleichen Sie dies mit den dreizehn Stunden pro Woche fernsehen.

Wir Eltern erlauben den Kindern das Fernsehen aus vielen Gründen und denken nur selten über die Macht dieses Mediums nach. Doch es kann die Gedanken und das Handeln unserer Kinder bestimmen, ganz abgesehen von der vielen Zeit, die dafür vergeudet wird. Den meisten Kindern fällt es schwer, z. B. bei den Hausaufgaben eine Zeit lang konzentriert zu arbeiten. Doch dieselben Kinder können sich vollkommen in eine Sendung versenken. Können wir dies Abhängigkeit nennen? Ich denke schon. Wenn Kindern, die regelmäßig fernsehen, das Fernsehen entzogen wird, leiden sie häufig unter Entzugserscheinungen. Sie werden ängstlich, nervös, zornig, sind schnell frustriert und nur schwer zugängig. Nach einer fernsehfreien Zeit gewinnen sie allmählich ihre Stabilität wieder und die Fähigkeit, normal auf Stress zu reagieren.

Viele Eltern versäumen es, einen Zusammenhang zu sehen zwischen dem, was in das Bewusstsein ihrer Kinder gelangt und durch ihr Verhalten und ihre Überzeugungen wieder herauskommt. Sie achten nicht genügend darauf, worauf sich ihre Kinder einlassen. Sie überlassen ihren Kindern die Entscheidung, was sie tun wollen. Wenn dann später Probleme auftauchen, fragen sich einige Eltern, was schief gelaufen ist.

Würden sich diese Eltern einmal klarmachen, wie viel Zeit sie mit ihren Kindern verbringen und wie viele Stunden des Tages ihre Kinder dem Einfluss der Medien ausgesetzt sind, dann würde ihnen sicher ein Licht aufgehen.

Was können wir als Eltern tun?

Bei diesem alles durchdringenden Einfluss der Medien und einer sich verändernden Kultur brauchen wir einen starken, aktiven Erziehungsansatz. Eltern müssen selber in Aktion treten, anstatt nur zu reagieren. Wir sollten unsere Kinder anleiten, mit den schädlichen und zweifelhaften Botschaften des Fernsehens und anderer Medien umzugehen. Es steht zu viel auf dem Spiel, als dass wir es uns leisten könnten, dies nicht zu tun.

Unser erstes Ziel als Eltern sollte sein zu nähren, anzuleiten und zu schützen. Ich möchte Sie noch einmal daran erinnern, dass all Ihre Mühe umsonst ist, wenn Sie Ihren Kindern nicht zuallererst

Liebe geben. Wir müssen ihren emotionalen Tank mit bedingungsloser Liebe gefüllt halten. Und dann müssen wir die Kontrolle haben über die Einflüsse von außen, denen unser Kind ausgesetzt ist und es davor bewahren.

Die Medien zum Guten einsetzen

Wir brauchen nicht allen modernen Medien zu entsagen. Vielmehr können wir sie uns zu Nutze machen, um unseren Kindern wichtige Botschaften zu übermitteln. *Wir können die Medien als Mittel nutzen, um das Kind anzuleiten, sich in allen Teilen der Gesellschaft zurechtzufinden.* Unsere Einstellung zur modernen Technik sollte neutral sein. Äußern Sie sich lobend über gesunde und konstruktive Sendungen; helfen Sie dem Kind, die herauszufiltern, die das nicht sind. Wir können uns auch Videofilme über wichtige Themen ausleihen und sie als Ausgangspunkt für eine Diskussion über die richtigen – oder falschen – Wertmaßstäbe der Hauptpersonen nutzen. Und wir können das Internet zu einem Fenster in die weite Welt der Information für unsere Kinder machen, mit ihnen gemeinsam die Wahrheit – und Irrtümer – entdecken.

Wir Eltern müssen alles in unserer Macht Stehende tun, um zu verhindern, dass unsere Kinder gegenüber den ungesunden Botschaften und Einflüssen der Gesellschaft abstumpfen. Dies geschieht, indem wir genau überwachen, welchen Dingen sie ausgesetzt sind. Dazu gehören Filme und Fernsehsendungen, die sie sich ansehen.

Ich bin der Meinung, es ist ein Fehler, Kindern das Fernsehen zu verbieten oder sie von anderen Medienformen fernhalten zu wollen. In den meisten deutschen Familien steht ein Fernsehgerät, und Kinder fühlen sich zum Fernsehen hingezogen. Wenn wir unseren Kindern das verbieten, werden sie zu ihren Freunden gehen und dort fernsehen. Dann festigt sich in ihnen die Vorstellung, bei ihnen zu Hause würde etwas fehlen, ihr Zuhause sei weniger anziehend als das anderer Kinder. Wenn sie dann in die Pubertät kommen, werden sie ganz besonders versessen auf das Fernsehen sein (bei Ihnen oder woanders) und es als ein Mittel einsetzen, passiv-aggressive Neigungen auszuspielen.

In Amerika haben sich einige Eltern dazu entschlossen, ihre Kinder nicht in eine staatliche Schule zu schicken, sondern sie unterrichten ihre Kinder zu Hause. So versuchen sie, die Einflüsse der Medien auf ihr Kind gering zu halten. Sicherlich verhindert dies die Abstumpfung des Kindes, allerdings leitet es das Kind nicht zum richtigen Umgang mit dem allgegenwärtigen Fernsehgerät, dem Internet und einem großen Teil der heutigen Musikszene an. (Lesen Sie Kapitel 10. Dort finden Sie Richtlinien zur Internetnutzung.) Ein Kind braucht Schutz vor schädlichen Einflüssen und Anleitung, bestimmte Dinge richtig einzuschätzen und sich davor zu schützen, wenn die Eltern nicht da sind.

Wir sollten selber attraktive Unterhaltung in unseren Familien anbieten. Damit meine ich aktive Formen der Unterhaltung, an denen Ihre Kinder und seine Geschwister oder Freunde teilnehmen. Ich meine keine passiven Formen wie Fernsehen, Videofilme oder Videospiele. Vor allem wenn unsere Kinder ins Teenageralter kommen, möchten wir, dass sie sich gerne zu Hause aufhalten. Darum achten Sie darauf, dass Ihr Haus zum Lieblingsplatz Ihrer Kinder sowie ihrer Freunde wird.

Wenn Ihre Kinder zu Hause sind, wissen Sie, was sie tun, und Sie haben den Vorteil, sie um sich zu haben. Wenn sie zu einem Freund nach Hause gehen, verlieren Sie diesen Vorteil.

Haben Sie eine Vielzahl von Aktivitäten für Ihre Kinder und deren Freunde parat. Und stehen Sie selber zum Mitmachen zur Verfügung.

Bei einem Schülertreffen bekam unser Sohn David einen Fragebogen, in dem er nach seinen Erinnerungen an die Schulzeit gefragt wurde. In einer Frage ging es um seinen Lieblingsaufenthaltsort. Unser Haus kam unmittelbar nach einem beliebten Restaurant des Ortes. Unsere Bemühungen hatten sich ausgezahlt. Und gut war auch, dass wir in der Lage waren, die Freunde unserer Kinder kennen zu lernen. Mit vielen von ihnen stehen wir noch immer in Kontakt.

Wir sollten dem Fernsehen in unserer Familie keine so große Bedeutung einräumen. Das Problem Fernsehen kann bewältigt werden, wenn man ein angemessenes Gerät zu Hause stehen hat. Es wird ein Farbfernsehgerät sein, aber ein kleines Gerät reicht schon aus. Stellen Sie dieses Gerät irgendwo auf, wo man sich nicht gemütlich davorhocken kann. Und stellen Sie keinesfalls ein Gerät in Ihr Schlafzimmer. Sie wissen ja, der beste Lehrer ist das vorgelebte Beispiel. Wenn Sie im Bett fernsehen, sind Sie Ihren Kindern ein schlechtes Vorbild.

Ihr Kind sollte miterleben, dass Sie sich nur zu bestimmten Gelegenheiten bestimmte Filme im Fernsehen ansehen, nicht als tägliche Routine. Sie könnten die neuesten Nachrichten zum Beispiel der Zeitung entnehmen und nicht im Fernsehen ansehen. Dadurch zeigen Sie Ihren Kindern, dass es möglich ist, so wenig wie möglich vor dem Fernsehgerät zu sitzen und außerdem, sich für das Lesen zu entscheiden, um auf dem Laufenden zu bleiben.

Vorschläge für den klugen Umgang mit dem Medium Fernsehen

In den meisten Familien ist das Fernsehen die häufigste Form der Unterhaltung. Angenommen Sie haben ein Fernsehgerät, das täglich läuft, nachfolgend einige Vorschläge für den angemessenen Gebrauch.

- Setzen Sie Zeitlimits für das Fernsehen. Einige kluge Eltern gestatten ihren Kindern eine halbe Stunde pro Tag. Ich empfehle zwischen sechzig und neunzig Minuten pro Tag.
- Sehen Sie sich die Fernsehzeitung an und suchen Sie die Sendungen heraus, die für Ihre Kinder geeignet sind. Aus der Liste der geeigneten Sendungen können sich Ihre Kinder für die Sendungen entscheiden, die sie sich innerhalb des Zeitrahmens ansehen möchten.
- Verbieten Sie fernsehen vor der Schule (das wird Sie und

Ihre Kinder in Ihrer Energie dämpfen) oder nach der Schule, bevor die Hausaufgaben gemacht sind.
- Lassen Sie das Fernsehgerät während der Mahlzeiten ausgeschaltet.
- Bleiben Sie bei dem Zeitplan, den Sie aufgestellt haben. Geben Sie nicht nach, indem Sie Ausnahmen zulassen, um die Kinder ruhig zu halten.
- Vermeiden Sie es, das Fernsehen als Friedensstifter oder als billigen Babysitter zu missbrauchen.
- Suchen Sie andere Formen der Unterhaltung. Sie werden sich mit Ihren Kindern beschäftigen müssen, bis sie in der Lage sind, sich mit anderen Hilfsmitteln als Fernsehen zu unterhalten, zum Beispiel Spiele, Lesen, Musik und Radio. Das kostet Sie Mühe, aber es zahlt sich aus.
- Halten Sie einige gute Videos oder aufgenommene Fernsehfilme parat für den Fall, dass Sie sofort ein Unterhaltungsmittel für die Familie brauchen.
- Leisten Sie Ihren Kindern beim Fernsehen Gesellschaft. Während und nach den Sendungen können Sie über Ihre Gedanken zu den Filmen sprechen. Dies bietet Ihnen ganz natürlich Gelegenheit zur Anleitung. Sie sprechen miteinander über das, was wichtig oder angemessen ist, was den Wertvorstellungen Ihrer Familie entspricht und was in Übereinstimmung mit dem christlichen Glauben steht.

Bleiben Sie in Kontakt

Wenn Sie es sich angewöhnt haben, mit Ihrem Kind über die Medienerfahrungen zu sprechen, werden Sie feststellen, dass es, wenn es älter wird, mehr Fragen stellt. Einige dieser Fragen werden sich auf die Formen der Medien beziehen, die Sie für Ihre Familie nicht für angemessen halten. Dann könnten Sie, wenn Sie Ihrem Kind Liebe gegeben, es angeleitet und beschützt haben, zu dem Entschluss kommen, Ihr Kind die fragliche Sendung sehen zu lassen – zusammen mit Ihnen. Da Sie Ihr Kind bisher vor Abstumpfung dieser Art der Unterhaltung gegenüber bewahrt haben, wird diese Sendung den erwünschten Effekt haben. Ihr Kind wird sich unwohl dabei fühlen und möglicherweise sogar abgestoßen.

Sie werden Gelegenheit haben, mit ihm darüber zu sprechen und ihm Ihre Gedanken und Gefühle mitzuteilen. In diese Diskussion könnte einfließen, wie Ihr Kind mit seinen Freunden umgeht, die dieser Art der Unterhaltung gegenüber abgestumpft sind und sie ganz in Ordnung finden.

Die vielen Medien im einundzwanzigsten Jahrhundert können aufregend und positiv sein, wenn Sie sie auf diese Art einsetzen. Aber Sie müssen darauf achten, dass nicht skrupellose Menschen Ihre Kinder und Teenager ausnutzen. Das bedeutet, dass Sie im Kontakt bleiben und wissen müssen, was in Ihrer Familie und in der breiteren Welt des Fernsehens, des Internet und des Kinos vor sich geht.

Als Eltern können wir mit der ständigen Veränderung in der Welt der Medien Schritt halten, indem wir miteinander kommunizieren. Wir können sensibel sein für die Fernsehgewohnheiten unserer Kinder, indem wir an ihrem Fernseh- und Computerleben teilhaben. Wenn wir unsere Erfahrungen in diesem Bereich austauschen, verlieren wir auch den Kontakt zu unseren heranwachsenden Kindern nicht.

7. Geistliche Anleitung
der Kinder

Pat und ich saßen in der ersten Reihe unserer Gemeinde und verfolgten die Trauzeremonie. Unser jüngster Sohn Dale heiratete Kisha. Während ich aufmerksam zuhörte, war ich überwältigt von Dankbarkeit Gott gegenüber. Ich erinnerte mich an die vielen Gelegenheiten, bei denen Dale und ich über die Güte Gottes gesprochen hatten. Ich staunte, wie reif Dale und Kisha waren.

Gott hatte mir viele kostbare Augenblicke geschenkt, in denen ich Dale helfen konnte, in jeder Hinsicht zu wachsen und eine enge Beziehung zu Gott zu entwickeln. Das bedeutete mir so viel, als ich sah, wie Dale sich mit dieser wunderbaren Frau in der Ehe verband. *Vater, wie kann ich dir nur danken?*, dachte ich. *Du bist so gut!*

Als christliche Eltern wünschen Sie sich, dass Ihre Kinder Ihnen im Glauben folgen. Das war auch Pats und mein Wunsch. Ich wollte, dass sie sich zu Jesus Christus als ihrem Herrn bekennen und dann die Bedeutung des Glaubens für alle Bereiche ihres Lebens erkennen. Damit dies als natürliche Erweiterung des Elternhauses geschieht, müssen sich Ihre Kinder mit Ihnen identifizieren und im engen Kontakt zu Ihnen stehen. Sie müssen sich von Ihnen geliebt und akzeptiert fühlen.

„Aber ich kenne Menschen aus weniger glücklichen Elternhäusern, die überzeugte Christen geworden sind", sagen Sie vielleicht, „einige nach langer Rebellion oder großem Zorn gegen ihre Eltern." Ja, und wir können Gott dafür danken, dass seine Gnade sich nicht durch gutes Verhalten der Eltern beschränken lässt, denn sonst wären viele von uns für immer verloren. Aber Menschen, die trotz ihrer Eltern zum Glauben gekommen sind, haben häufig mit starken Konflikten zu kämpfen, die bis in ihre Kindheit zurückreichen. Dies ist besonders schlimm, wenn die Eltern nach außen Christen sind, aber Gott nicht richtig vertrauen.

Ich weiß, dass Sie Ihren Kindern diesen inneren Konflikt nicht wünschen. Aus diesem Grund müssen Sie unablässig dafür sorgen, dass das Liebesband in Ihrer Familie stark ist. Ohne das werden die Kinder auf die Führung der Eltern und vor allem auf die geistliche Führung mit Groll und Feindschaft reagieren.

Wo die geistliche Anleitung beginnt

Das emotionale und geistliche Leben sind keine getrennten Einheiten, sondern stehen miteinander im Zusammenhang und sind abhängig voneinander. Eltern, die ein Kind im geistlichen Leben anleiten wollen, müssen zuerst für sein emotionales Wohl sorgen. Diese Sorge beginnt sofort nach der Geburt – und sogar vor der Geburt, durch die Gesundheit und emotionale Stabilität der Mutter. Je besser die emotionale Nahrung ist, die Ihr Kind bekommt, desto besser wird es um das Wohl Ihres Kindes bestellt sein.

Die wichtige Rolle unserer Erfahrungen

Wichtiger Bestandteil der emotionalen Entwicklung Ihres Kindes – und auch der intellektuellen Entwicklung – sind die Erfahrungen, die es macht, positive und negative. Der größte bestimmende Faktor dafür, wie die Gehirnneuronen eines Kindes sich verbinden, sind die Erfahrungen des Kindes. Ihr Kind wurde mit mehr als 100 Milliarden Neuronen (Nervenzellen) im Gehirn geboren, in etwa die Anzahl der Sterne in der Milchstraße. Einer medizinischen Studie zufolge haben sich zum Zeitpunkt der Geburt noch nicht alle dieser Neuronen miteinander verbunden. Die Verbindung dieser Neuronen erfolgt erst im Laufe der Zeit.

Das Nervensystem bildet sich durch die Erfahrungen aus, denen ein Kind ausgesetzt ist. Das bedeutet, die Umgebung des Kindes, die vorwiegend von Ihnen kontrolliert wird, bestimmt die Entwicklung und die Zusammensetzung seines Gehirns. (Auch genetische Faktoren beeinflussen einige dieser Verbindungen.) Im ersten Lebensjahr findet eine phänomenale Verknüpfung dieser Neuronen statt. Das Gehirn eliminiert Verbindungen, die seltener gebraucht werden. Im Alter von etwa zehn Jahren sind die überflüssigen Neuronen allmählich eliminiert, und das Gehirn weist ein einzigartiges Emotions- und Verhaltensmuster auf.

Wenn dem Gehirn Ihres Kindes eine stimulierende Umgebung vorenthalten wird, dann leidet es. Man hat herausgefunden, dass das Gehirn von Kindern, die wenig spielen oder nur selten berührt werden, 20 bis 30 Prozent kleiner ist als für ihr Alter üblich. Bereits im Alter von drei Jahren weist ein vernachlässigtes oder missbrauchtes Kind Narben auf, die nur schwer wieder gutzumachen sind, wenn sie nicht sogar für immer bleiben.

Neurobiologen stimmen in ihrer Ansicht überein, dass ein Baby nicht als blank geputzte Schiefertafel oder als genetisch vorprogrammierter Automat auf die Welt kommt. *Seine Zukunft hängt größtenteils von dem ab, was es erlebt und wie es behandelt wird.* Die ersten Kreisläufe, die das Gehirn schließt, sind diejenigen, die die Gefühle bestimmen. Ab etwa zwei Monaten erweitern sich die von Neugeborenen erlebten Gefühle von Kummer und Zufriedenheit zu vielschichtigeren Gefühlen wie Freude und Traurigkeit, Neid und Mitgefühl, Stolz und Scham. Liebevolle Fürsorge versorgt das Gehirn des Babys mit der richtigen emotionalen Stimulation. Die Vernachlässigung eines Kindes kann ein Gehirnwellenmuster schaffen, das glückliche Gefühle dämpft und Angst und abnormale Stressreaktionen hervorruft.

Die Rolle der Eltern bei dem Aufbau des neuralen Kreislaufs bestimmt zum großen Teil die Reaktion der Kinder auf Stress. Das Gehirn von Kindern, die zum Beispiel in früher Kindheit körperlich missbraucht wurden, ist ganz besonders sensibel für Gefahr. Bei der leichtesten Bedrohung beginnt das Herz zu rasen, Stresshormone werden ausgeschüttet, und das Gehirn verfolgt ängstlich die nonverbalen Hinweise auf den nächsten Angriff. Da sich das Gehirn nacheinander entwickelt und die primitiveren Strukturen ihre Verbindungen zuerst stabilisieren, ist Missbrauch im Kleinkindalter besonders schädlich.

In seinem Buch *Emotionale Intelligenz*[1] schreibt Daniel Goleman über emotionale Erinnerung und nennt frühe Erfahrungen, wie zum Beispiel Missbrauch oder emotionale Vernachlässigung „grobe, wortlose Blaupausen für das Gefühlsleben". Er fügt hinzu:

Da diese sehr frühen emotionalen Erinnerungen zu einer Zeit entstehen, in der das Kleinkind seine Erfahrungen noch nicht in Worte kleiden kann, gibt es für diese emotionalen Erinnerungen, wenn sie im späteren Leben ausgelöst werden, kein passendes Gedankenpaket hinsichtlich der Reaktion, die bei uns hervorgerufen wird. Dass wir manchmal so erstaunt sind über unsere emotionalen Ausbrüche, liegt daran, dass ihr Ursprung häufig in unserer frühen Kindheit zu finden ist, wo die Dinge verwirrend waren und wir noch nicht die Worte hatten, um die Ereignisse zu begreifen. Wir haben vielleicht diese chaotischen Gefühle, können aber die Erinnerungen, die sie gebildet haben, nicht mit Worten beschreiben.

Das Gehirn des heranwachsenden Kindes

Das Gehirn setzt sein schnelles Wachstum bis zum Alter von etwa zehn Jahren fort. Die Eltern müssen sich unbedingt klarmachen, dass das Gehirn des Kindes seine Verbindungen über viele Jahre hinweg knüpft. Sonst können sie den Fehler machen zu erwarten, dass die Kinder eine Reife erlangen, die weit über ihre Jahre hinausgeht, und dabei vergessen, dass jede Emotion zu einem vorprogrammierten Augenblick im Wachstum des Kindes zum Vorschein kommt. Mit dem Einsetzen der Pubertät vollzieht sich im Gehirn etwas, das Goleman „zurechtstutzen" nennt. Das Gehirn verliert die neuralen Verbindungen, die am wenigsten in Anspruch genommen werden, und bildet starke Verbindungen bei den Kreisläufen, die besonders stark in Anspruch genommen wurden. Vor allem Erfahrungen in der Kindheit formen das Gehirn.[2]

Bis zum letzten Jahrzehnt des zwanzigsten Jahrhunderts waren viele Wissenschaftler der Meinung, das Gehirn sei mit dem Einsetzen der Pubertät voll entwickelt. Ich konnte mich dieser Meinung nicht anschließen und habe in meinem Buch *Teenager brauchen mehr Liebe* argumentiert, dass die Teenager noch mehr Kind als Erwachsener sind. Jetzt sind die Forscher zu derselben Schlussfolgerung gekommen: Der neurale Kreislauf des Gehirns schließt sich erst gegen Ende der Teenagerzeit oder mit Anfang zwanzig vollständig.

Tatsächlich ähnelt das Gehirn eines Teenagers in gewisser Weise eher dem eines Kindes als dem eines Erwachsenen. Noch immer werden die Verbindungen zwischen den Neuronen geschlossen, die nicht nur die emotionalen, sondern auch die körperlichen und geistigen Fähigkeiten beeinflussen. Und diese sich noch im Gang befindliche Entwicklung der neuralen Verbindungen macht einen Teenager verletzlich: Depressionen in diesem Alter können Kreisläufe im Gehirn schließen, die es sehr erschweren, die Krankheit im späteren Leben zu behandeln.

Beim „Zurechtstutzen" des Gehirns, was im Alter von zwölf Jahren beginnt, geht es sozusagen um „gebrauche es oder verliere es." Das Gehirn will nur die nützlichen Neuronen und Synapsen ernähren. Bis der präfrontale Cortex beschnitten ist, steht den Teenagern noch nicht die Gehirnkraft zur Verfügung, die sie für ein gutes Urteilsvermögen brauchen.

Das Potenzial für einen großen Geist mag in den Genen veranlagt sein, aber ob dieses Potenzial tatsächlich als Begabung für Mathematik erkannt oder für die Planung brillanter Verbrechen eingesetzt wird, hängt von dem Muster ab, das durch die Erfahrungen in diesen so wichtigen frühen Kindheitsjahren gestaltet wird.

Einer der letzten Schritte bei der Entstehung des Gehirns eines Erwachsenen ist die Einhüllung der Nerven in weißes Material, die Fettzellen, die sich den Nervenschacht hinunterziehen wie Ranken an einem Baum. Einige dieser Nerven, die während der

Teenagerjahre eingehüllt werden, verbinden Bereiche des Gehirns, die Emotionen, Urteilsvermögen und Impulskontrolle regulieren. Inwiefern betrifft dies uns als Eltern? Die Ergebnisse scheinen zu sagen: „Fangt früh an. Nehmt positiven Kontakt auf. Macht euch klar, dass die Muster der Gefühle und Emotionen sich bereits in den frühen Kindheitsjahren und der Teenagerzeit entwickeln." Wir können die Entwicklung dieser Muster beeinflussen – dieser Muster, die darüber bestimmen, wie gesund das emotionale und geistliche Leben eines Kindes wird. Sie können den emotionalen Zustand Ihres Kindes bestimmen, haben Einfluss darauf, wie das Kind die meisten Bereiche des Lebens sieht, wie positiv oder negativ seine Einstellung ist, wie belastbar ein Kind ist, wie gut es mit Stress umgehen kann. Das in so frühen Jahren festgelegte Muster wird bestimmen, wie gut sich das Kind von Rückschlägen erholt, ob es sich von Furcht, Schuldgefühlen oder Druck motivieren lässt – oder den positiven, befreienden Wunsch hat zu tun, was richtig ist. Dieses Muster bestimmt, wie es fühlt und sich deshalb auch verhält.

Die Ergebnisse zur Entwicklung des Gehirns sind Ehrfurcht gebietend. Und sie bestätigen, dass Eltern einen überwältigend großen Einfluss auf das Leben ihrer Kinder ausüben. Sie untermauern die Kraft der proaktiven, auf Beziehung ausgelegten Erziehung. Christen sollten eine reaktive Erziehung gar nicht erst in Erwägung ziehen. Zu viel steht auf dem Spiel. Wir müssen proaktiv in unserer Liebe sein und unsere Kinder führen und anleiten.

Eine Grundlage für geistliche Leitung

Das große Bedürfnis nach einer geistlichen Basis

Bis zu Beginn der Teenagerjahre lernen Kinder, mit den im Gehirn festgelegten Verhaltensweisen und Mustern richtig umzugehen. Bis dahin können sie die Einflüsse in ihrem Leben nur anhand dieser Muster bewerten. In einer Studie über Teenager kam heraus, dass

immer noch die Eltern den größten Einfluss in ihrem Leben ausüben. Sie spielen eine entscheidende Rolle für das geistliche Leben
der Teenager, Freunde und Gleichaltrige stehen mehr im Hintergrund.

Was für ein Trost, aber gleichzeitig ist dieses Ergebnis auch ein
Weckruf an alle Eltern. Das geistliche Leben unserer Kinder liegt
in unseren Händen, und dazu gehören nicht nur bestimmte theo-
logische Überzeugungen und Praktiken, sondern ihre gesamte Einstellung zu Moral und Ethik.

Es ist wichtig, dass wir unseren Kindern etwas auf ihren Lebens-
weg mitgeben, das zuverlässig und stark ist, einen Maßstab, mit
dem sie die Irrungen und Wirrungen der Teenagerzeit durchstehen
können. Um all den negativen Einflüssen entgegenzuwirken, müssen wir Eltern ihnen ein Fundament geben, auf das sie ihr Leben
aufbauen können. Dieses Fundament muss so stark sein, dass es
ein ganzes Leben hält und an die nächste Generation weitergege-
ben werden kann.

Ein solches Fundament muss Stabilität geben in Zeiten nie da
gewesener Veränderungen, wenn diejenigen, die noch die geistlichen Werte hochhalten, als die ewig Gestrigen verschrien werden.
Die Bürger stimmen nicht mehr in ihren Wertvorstellungen und
Maßstäben überein. Zu sagen, dass etwas falsch ist, wird als „into-
lerant" bezeichnet. In einer empfindsamen, „politisch korrekten"
Gesellschaft wird unseren Kindern beigebracht, dass es engstirnig
und nicht akzeptabel ist, von „Sünde" zu sprechen. Uns Eltern
wird eingeredet, wir müssten jedes Verhalten, jede Einstellung und
Überzeugung tolerieren.

Ein sehr wertvoller Schatz

In einer solchen Umgebung ist es für Eltern nicht leicht, ihren
christlichen Glauben und die moralischen und ethischen Grund-
sätze weiterzugeben, die aus ihrem Glauben entstehen. Wenn der
Weg unserer Kinder jedoch durch ethische Wertvorstellungen und

Richtlinien erhellt werden soll, müssen wir ihnen diesen kostbaren Schatz mitgeben.

Was ist denn dieser wertvolle Schatz, der einem Leben Ziel und Bedeutung verleiht? Dieser Frieden schenkende Besitz, der lebenserhaltende Führung vermittelt und der jede Sehnsucht des Herzens stillt, ist Gott selbst. Er ist ein persönlicher Gott und kann doch mit anderen geteilt werden. Er ist Kraft in Zeiten des Konflikts und Trost in Zeiten der Not. Er hat in der Vergangenheit geholfen und verspricht uns, jeden Tag bei uns zu sein, jetzt und in der Zukunft, um uns zu führen und zu leiten und uns näher zu sein als ein Bruder.

Gott, der Vater, gibt Weisheit in Verwirrung und Korrektur im Irrtum. Unser Herr lässt Verlust und Schmerz zu, aber er heilt immer auch und ersetzt den Verlust durch etwas noch Besseres. Er zwingt sich uns nicht auf, aber er wartet geduldig darauf, von uns angenommen zu werden. Er drängt uns seinen Willen nicht auf, und er ist tieftraurig, wenn wir einmal einen falschen Weg einschlagen.

In seinem Wort gibt uns unser Vater Anweisungen, die wir ausführen sollen, und er erweitert seine Verheißungen auf diejenigen, die ihm gehorchen. Er möchte, dass wir ihn lieben, weil er uns zuerst geliebt hat, und doch hat er uns einen freien Willen gegeben, so dass wir ihn annehmen oder ablehnen können. Er möchte für uns sorgen, doch er weigert sich, sich uns aufzuzwingen. Sein größter Wunsch ist es, unser liebender Vater zu sein, doch er wird sich niemals aufdrängen. Wenn wir uns diese liebevolle und fürsorgliche Vater-Kind-Beziehung mit ihm wünschen, müssen wir sein Angebot zuerst annehmen. Er wartet darauf, dass wir ihm unser Leben öffnen und sein Kind werden.

Eine so persönliche und innige Verbindung zu Gott durch seinen Sohn Jesus Christus ist der wichtigste Faktor im Leben. Dies ist das wichtigste Fundament, wenn unser Leben Sinn und Ziel haben soll, und wir müssen es an unsere Kinder weitergeben. Wir können ihnen die Entscheidung nicht abnehmen, aber wir können sie anleiten, damit sie die Entscheidung eines Tages selbst treffen können und die Güte und Liebe Gottes erkennen und für sich in Anspruch nehmen wollen.

Geistliche Werte vermitteln

Um Ihr Kind geistlich anleiten zu können, sind zwei wesentliche Voraussetzungen nötig. Sie müssen selbst eine persönliche und lebendige Beziehung zu Gott haben. Und Ihr Kind muss sich Ihrer bedingungslosen Liebe gewiss sein – derselben Liebe, mit der Gott Sie liebt. Wenn diese Vorbedingungen gegeben sind, ist Ihr Kind bereit, geistliche Werte in seinem Leben zu akzeptieren und zu verinnerlichen.

Wenn Sie Ihrem Kind geistliche Werte vermitteln wollen, ob nun durch das Vorbild Ihres eigenen Glaubens oder durch verbale Anleitung, sollten Sie den Lernprozess so angenehm wie möglich gestalten. Ein Kind ist eher emotional und nicht kognitiv veranlagt, und darum kann es sich viel eher an Gefühle als an Tatsachen erinnern. Darum wird das Gefühl während der Anleitung einen viel größeren Einfluss ausüben, auch wird Ihr Kind sich viel eher an bestimmte Gefühle während einer bestimmten Situation erinnern als an die Details einer Lektion.

Als meine beiden Söhne zehn und sechs waren, fuhren wir in einem Sommer zum Angeln weg. Wir verlebten eine wundervolle Zeit miteinander und konnten mit dem Angeln gar nicht aufhören, auch nicht, als es schon dunkel wurde. Es war eine klare Nacht, und schon bald standen die Sterne hell am Himmel. Selbst die Milchstraße war zu erkennen – ein wirklich erhebender Anblick. In einer solchen Umgebung war es ganz natürlich, dass wir auf das Wunder der Schöpfung zu sprechen kamen.

Mein ältester Sohn Dave sagte: „Dad, wenn ich das sehe, fühle ich mich so klein. Ich weiß, dass unsere Erde nur ein winziger Punkt im ganzen Universum ist."

„Daran erkennen wir die Größe Gottes, David; es zeigt, wie groß er wirklich ist. Und trotzdem sorgt er sich um uns auf diesem kleinen Planeten, und er kümmert sich jeden Tag um uns. Ich bin so dankbar, dass er dieses große Universum geschaffen hat, und dass er gut und freundlich ist. Dass er uns liebt."

„Warum ist er gut?", fragte Dale.

„Ich weiß vieles nicht, Dale. Ich weiß nicht, warum Gott gut ist. Aber ich weiß, dass es so ist und dass er uns liebt. Ich erlebe das jeden Tag. Dass ich heute Abend mit meinen beiden Jungen hier sein darf, ist ein ganz großes Geschenk. Zu erleben, dass du und David euch zu wundervollen Jungen entwickelt, ist für mich der Beweis, dass er uns liebt. Unablässig beschenkt er uns und segnet uns, um uns zu zeigen, dass er uns lieb hat."

Dieser Angelausflug war eine kostbare Zeit mit meinen Jungen. Er hat einen tiefen Eindruck bei ihnen hinterlassen. Und auch bei mir.

Dieses Prinzip in Bezug auf Gefühle und Tatsachen lässt sich auch auf normale Lernsituationen in einer Gemeinde anwenden. Ein Kind wird sich genau daran erinnern, wie es sich in der Sonntagsschule gefühlt hat, auch wenn es das Gelernte vergessen hat. Das bedeutet, dass bis zu einem gewissen Grad die emotionale Atmosphäre wichtiger ist als die Einzelheiten der Lektion.

Eine angenehme Lernerfahrung zu schaffen bedeutet nicht, dass ein Lehrer (oder die Eltern) den Wunsch des Kindes nach Vergnügen befriedigt. Er wird dem Kind respektvoll, freundlich und teilnahmsvoll begegnen. Ein Lehrer darf nicht kritisieren, demütigen oder ein Kind auf andere Weise heruntermachen. Weil der Inhalt einer geistlichen Lektion so wichtig ist, muss die Atmosphäre positiv sein, damit das Kind aufnahmebereit ist. Wenn die Lektion in der Gemeinde oder zu Hause langweilig ist oder ein Kind herabgesetzt wird, wird das Kind selbst die beste Lehre ablehnen. Dies trifft vor allem auf den Bereich der Religion zu. In einer negativen Umgebung kann ein Kind eine tiefe Abneigung gegen religiöse Dinge entwickeln.

Wie oft habe ich schon die folgenden gängigen falschen Auffassungen gehört: „Ich möchte, dass mein Kind selbst entscheidet, nachdem es verschiedene Ideen kennen gelernt hat. Es soll sich nicht veranlasst fühlen zu glauben, was ich glaube. Ich möchte, dass es verschiedene religiöse Philosophien kennen lernt, damit es eine eigene Entscheidung treffen kann."

Eltern, die so denken, sind entweder dabei auszusteigen oder kennen die Welt nicht, in der wir leben. Sie gehen konform mit der „politischen Korrektheit", akzeptieren alles und beurteilen nichts. In unserer Kultur und in jeder anderen braucht ein Kind unablässig Führung, Anleitung und Erklärung von ethischen, moralischen und geistlichen Dingen. Sonst findet es sich nicht zurecht und fragt sich, ob es in einer solchen Welt überleben kann.

Als Christen können wir auf die meisten Konflikte und anscheinenden Widersprüche des Lebens Antwort geben, aber wir wissen, dass es Jahre dauert, unsere Kinder an den Punkt zu bringen, dass sie die Bedeutung dieser Dinge für ihren Alltag erkennen. Wenn wir unseren Kindern dieses Fundament des Wissens, des Verständnisses und der Führung nicht geben, fragen sie uns später vielleicht: „Was soll das Leben überhaupt? Was bedeutet es?"

Unsere Kultur ist zu einem Irrgarten geworden, in dem die Kinder den Weg zur Sicherheit suchen. Ohne Führung und gute Berater werden sie sich verirren. Es erstaunt mich immer, dass Eltern Tausende Dollars ausgeben und große Mühen für eine gute Ausbildung ihrer Kinder auf sich nehmen, doch vernachlässigen sie die wichtigste Vorbereitung überhaupt – die Vermittlung von geistlichen und moralischen Werten; sie helfen den Kindern nicht, den Sinn des Lebens zu finden. Wir müssen unsere Kinder geistlich vorbereiten. Wenn wir sie nicht anleiten, dann übernehmen andere das für uns. Aber wenn wir ihnen die geistliche Führung geben, nach der sie sich letztendlich sehnen, wird uns das sehr bereichern. Gott wird unsere Familie segnen, wie wir es uns nicht vorstellen können.

Möglichkeiten, Ihre Kinder geistlich vorzubereiten

Zwar sind organisierte religiöse Unterweisung und Aktivitäten in Gemeinden, christlichen Freizeiten und Jugendgruppen äußerst wichtig für Ihr Kind, doch nichts beeinflusst es mehr als die Anleitung zu Hause. Die Eltern sollten die geistliche Anleitung nicht anderen überlassen. Und doch fragen Sie sich vielleicht, welches die wichtigsten Dinge sind, die Sie an Ihre Kinder weitergeben sollten. Wir wollen uns ein paar davon ansehen.

Machen Sie sich Geschichten und Ereignisse zu Nutze

Sprechen Sie über die Bedeutung von Geschichten und Ereignissen. Geschichten können sehr lehrreich sein. Lesen Sie Ihren Kindern eine Geschichte vor und unterhalten Sie sich dann ganz entspannt und liebevoll mit ihnen darüber. Der Abend ist hierzu besonders geeignet, weil Sie dann nicht in Konkurrenz liegen mit anderen Aktivitäten. Auch möchten die meisten Kinder die Zeit vor dem Schlafengehen hinauszögern. Sie können diesem Wunsch nachgeben und wertvolle Zeit mit Ihren Kindern verbringen. In dieser herzlichen Atmosphäre können Sie ihre emotionalen Bedürfnisse erfüllen und ihnen gleichzeitig geistliche Anleitung und Führung geben.

Es ist recht einfach, Ihrem Kind die grundlegenden Tatsachen der Bibel zu vermitteln, wie zum Beispiel die Namen der biblischen Personen und das, was sie getan haben. Aber letztlich ist das ja nicht das, was Sie wollen. Ihr Kind muss verstehen, welche Bedeutung die Personen aus der Bibel und die darin beschriebenen Prinzipien für sein persönliches Leben haben. Sie sollten ihm dies engagiert und voller Überzeugung vermitteln. Wenn Sie ein Kind geistlich anleiten wollen, verbinden Sie alle Elemente bedingungsloser Liebe – Augenkontakt, ungeteilte Aufmerksamkeit, Berührung. Außerdem geben Sie Ihrem Kind das Beste, was Sie zu geben haben.

Sprechen Sie mit Ihren Kindern über Ihre Erfahrungen. Das Fakten-
wissen aus Gemeinde, Sonntagsschule und Elternhaus gibt den
Kindern nur das Rohmaterial zum geistlichen Wachstum an die
Hand. Die Kinder müssen lernen, dieses Wissen effektiv einzusetzen, um geistlich voranzukommen. Dazu brauchen sie die Erfahrung eines Lebens mit Gott, und sie müssen lernen, ihm persönlich zu vertrauen.

Sie werden sich für *Ihre* Erfahrungen mit Gott interessieren, also
sprechen Sie mit Ihren Kindern über Ihr geistliches Leben. Natürlich hängt ihre Reaktion von der Qualität dessen ab, was Sie mitzuteilen haben. Wie viel Sie mitteilen, ist abhängig vom Entwicklungsstand Ihrer Kinder, vom Alter und ihrer Fähigkeit zu begreifen. Je älter Ihre Kinder werden, desto mehr werden Sie mit ihnen
darüber sprechen, wie sehr Sie Gott lieben und dass Sie täglich mit
ihm leben, dass Sie sich auf ihn verlassen und ihn immer um seine
Führung und Hilfe bitten können, dass Sie ihm für seine Liebe,
Fürsorge, für seine Gaben und erhörte Gebete danken.

Suchen Sie nach Gelegenheiten, mit jedem Kind über aktuelle
Ereignisse zu sprechen, die zeigen, wie Gott wirkt. Was Sie Ihren
Kindern mitteilen, wird von ihrem Alter und ihrer Reife abhängen, denn Sie wollen ja nicht, dass die Kinder sich Sorgen machen
um die Finanzen oder das Haus. Wenn Sie als Eltern Ihren Kindern das feste Vertrauen in die liebevolle Führung Ihres himmlischen Vaters vorleben, werden Ihre Kinder das sehen und spüren.
Das ist viel wichtiger, als nur mit vielen Worten darüber zu reden.
Wenn es angebracht ist, fordern Sie Ihre Kinder auf, mit Ihnen
gemeinsam zu beten. Auf diese Weise treten sie zusammen mit
Ihnen vor Gott und warten auch viel intensiver auf die Erhörung
der Gebete.

Wenn Sie das über viele Jahre hinweg tun, schaffen Ihre Kinder
sich Erinnerungen, wie Gott im Leben Ihrer Familie wirkt. Auch
werden sie lernen, mit ihren eigenen Sorgen zu Gott zu kommen.
Es liegt viel Wahrheit in dem alten Sprichwort: „Erfahrung ist der

beste Lehrer." Lassen Sie Ihr Kind an Ihren Erfahrungen teilhaben und an Ihrer Seite lernen, Gott immer mehr zu vertrauen.

Ein Kind muss lernen, wie Gott persönliche Bedürfnisse und die der Familie erfüllt, auch die finanziellen. Es sollte zum Beispiel wissen, wenn Sie für die Bedürfnisse anderer Menschen beten, oder wenn Sie Gott um die Lösung eines bestimmten Problems bitten, solange es dem Alter des Kindes angemessen erscheint. Und vergessen Sie nicht, mit Ihrem Kind darüber zu sprechen, wie Gott in Ihrem Leben wirkt, oder wie er Sie gebraucht, um mit anderen über ihn zu sprechen. Natürlich erzählen Sie Ihrem Kind auch, dass Sie für seine individuellen und besonderen Bedürfnisse beten.

Vergebung vorleben

Leben Sie Vergebung vor. Durch Ihr Vorbild zeigen Sie Ihrem Kind, wie es vergeben und Vergebung von Gott und anderen Menschen bekommen kann. Sie tun dies, indem Sie zuerst vergeben und um Vergebung bitten – bei Ihrem Partner und auch bei Ihrem Kind, wenn Sie einen Fehler gemacht haben.

Wenn Sie Ihrem Kind Unrecht getan haben, sollten Sie das Kind um Vergebung bitten. Ich kann nicht genug betonen, wie wichtig das ist. Wenn Sie zornig sind und Ihnen nicht danach zu Mute ist, Ihr Kind um Vergebung zu bitten, sollten Sie versuchen, an Folgendes zu denken: *Wahre Nähe entsteht durch einen gelösten Konflikt.* Sie können sogar dazu kommen, einen Konflikt als eine Gelegenheit zu sehen, einander näher zu kommen – wenn Sie Ihren eigenen Zorn überwunden und Ihre Familienmitglieder zu einer liebevollen Lösung geführt haben.

Vergebung innerhalb einer Familie ist immer eine wichtige Angelegenheit. Viele Menschen haben heute Probleme mit Schuld und können nicht vergeben oder Vergebung annehmen. Wer gelernt hat, denen zu vergeben, die ihm Unrecht getan haben, und wer um Vergebung bitten und Vergebung annehmen kann, der ist geistig und emotional gesund und lebt in großem inneren Frieden.

Vermitteln Sie Ihren Kindern Optimismus und Hoffnung

Optimismus vermitteln

Wenn Ihre Kinder zu Erwachsenen heranwachsen, brauchen sie eine optimistische Einstellung und Hoffnung. In einer Zeit des Werteverfalls geben Erwachsene, die in der Lage sind, ihre Kinder aufzurichten, viel Trost.

Sie sind in der besten Position, dieses kostbare Geschenk zu machen, aber das erfordert Arbeit. Sie sollten nicht auf düstere Prognosen hören oder sie sogar weitergeben. Teenager sind so anfällig für Pessimismus, vor allem von ihren Eltern. Sie brauchen sich der Verzweiflung anderer nicht anzuschließen – Sie haben ja Ihren Glauben an Gott. Ermutigen Sie Ihre Kinder in ihren Fortschritten. Erzählen Sie ihnen von ihrem großen Potenzial und von Gottes großartigen Plänen mit ihnen. *Ermutigen* heißt „Mut eingeben"; Ihre Worte werden ihnen Mut machen, sich der Zukunft zu stellen.

Gott ist der Autor von Hoffnung, und er gibt uns Hoffnung. Lesen Sie doch regelmäßig das elfte Kapitel des Hebräerbriefes, das an die wundervolle Hoffnung erinnert, die nicht zerstört werden kann. Denken Sie daran, dass die Verheißungen Gottes wahr sind und dass Gott selbst treu und beständig in seiner Liebe und Fürsorge für uns ist. In der Bibel gibt es so viele Verheißungen, die uns Hoffnung geben. Sehen Sie sich nur die folgenden vier an:

Wir wissen aber, dass denen, die Gott lieben, alle Dinge zum Besten dienen, denen, die nach seinem Ratschluss berufen sind (Römer 8,28).

Denn ich weiß wohl, was ich für Gedanken über euch habe, spricht der Herr: Gedanken des Friedens und nicht des Leides, dass ich euch gebe das Ende, des ihr wartet (Jeremia 29,11).

Fürchte dich nicht, ich bin mit dir; weiche nicht, denn ich bin dein Gott. Ich stärke dich, ich helfe dir auch, ich halte dich durch die rechte Hand meiner Gerechtigkeit (Jesaja 41,10).

Der Gerechte muss viel erleiden, aber aus alledem hilft ihm der Herr (Psalm 34,20).

Mein früherer Pastor hat mir von Bart erzählt, den er regelmäßig besucht hat. Bart hatte viele körperliche Gebrechen, und schließlich mussten seine beiden Beine amputiert werden. Mein Pastor dachte, dies würde sicherlich seine Fröhlichkeit und seinen Optimismus dämpfen, aber so war es nicht. Bart hievte sich mit Hilfe einer Haltevorrichtung von seinem Bett in einen Rollstuhl und fuhr durch den Gang des Pflegeheims, in dem er untergebracht war. Dort spielte er Klavier und sang dazu, bis viele andere sich zu ihm gesellten und mitsangen. Während seiner letzten Jahre hat er vielen Menschen Hoffnung und Freude gegeben.

Geben Sie Ihren Kindern eine bleibende Hoffnung mit auf den Weg

Gläubige Eltern können ihren Kindern eine Hoffnung auf Gott geben, die den Pessimismus und die Haltung des „Lebens für den Augenblick" der heutigen Teenagerkultur überdauert. Nie wurde dies deutlicher als in den Reaktionen von vielen der überlebenden Teenager des Massakers in der Columbine High School in Littleton vom April 1999. Zwei Schüler hatten mehr als ein Dutzend Mitschüler erschossen. Zwölf Schüler und ein Lehrer waren tot oder lagen im Sterben. Die beiden Mörder hatten Selbstmord begangen. Fünfzehn Menschenleben. Es war so sinnlos.

Nach den Todesschüssen standen mehr als einhundert Berater zur Verfügung, um den überlebenden Schülern zu helfen, mit ihrem Entsetzen fertig zu werden. Wie sich herausstellte, suchten nur wenige junge Leute die Hilfe der Therapeuten, weil die Teenager und ihre Familien woanders Trost und Hilfe fanden – in ihren Gemeinden. Sie suchten Trost und Hoffnung bei dem, der wirklich trösten kann: Gott selber.

Eines der Opfer der Schüsse war Cassie Bernall. Als einer der Schützen seine Waffe auf sie richtete und sie fragte: „Glaubst du an

Gott?", antwortete sie: „Ja, ich glaube an Gott." Daraufhin erschoss er sie. Am Abend ihrer Ermordung fand Cassies Bruder einen Tagebucheintrag, den sie gerade erst vorgenommen hatte. Er las die Verse aus Philipper 3,10-11, die Cassie sich zu Eigen gemacht hatte:

Um ihn allein geht es mir. Ihn will ich immer besser kennen lernen und die Kraft seiner Auferstehung erfahren, damit ich auch seine Leiden mit ihm teilen und seinen Tod mit ihm sterben kann. Dann werde ich auch mit allen, die an Christus glauben, von den Toten auferstehen.

In einem Interview sprach Billy Graham vor kurzem von seinem Optimismus in Bezug auf viele der heutigen Teenager und sagte, dass er dem Dienst an dieser kommenden Generation so viel Zeit widmet, wie er erübrigen kann, weil er das Gefühl hat, dass es ihnen ein Anliegen ist, Gott in dieser Zeit des Aufruhrs und der verzerrten Wertvorstellungen kennen zu lernen.

Ja, es gibt noch Hoffnung für unsere Teenager und Kinder. Es ist so wichtig, dass sie begreifen und daran glauben, dass die Hoffnung der Christen nicht davon abhängig ist, was die Welt ihnen antut. Sie ist nur abhängig von dem, was sie in der Welt tun, wenn sie auf Gottes große Liebe zu uns reagieren. Als Eltern können wir sie ermutigen, ihnen die Hoffnung geben, die unsere Kinder und Teenager so verzweifelt brauchen – sicherlich in guten Zeiten, aber auch in schwierigen Situationen.

Anmerkungen

[1] Daniel Goleman, *Emotionale Intelligenz*, dtv Taschenbuch, 1997
[2] Ebenda

8. Angst, Sorge und Depression

Die Angst hält unsere Gesellschaft auf verschiedenen Ebenen im Griff, und zwar in einem solchen Ausmaß, dass viele Menschen gar nicht erkennen, wie sehr ihr Leben davon kontrolliert ist. Selbstverständlich können sich auch Eltern nicht vor dieser allgemeinen Angst verschließen, auch nicht vor den ganz speziellen Ängsten, die mit ihren eigenen Kindern zu tun haben. Leider bauen diese Gefühle aufeinander auf und bringen einige Eltern dazu, sich ihren Kindern gegenüber inkonsequent und sogar schädlich zu verhalten.

Vier Ängste

Die meisten Eltern hegen vier Arten von Ängsten. Wir wollen sie uns einmal ansehen.

- Angst vor dem, was dem Kind in dieser gefährlichen Zeit geschehen wird
- Angst vor dem Verhalten des Kindes und die Angst vor der Disziplinierung
- Angst vor dem Kind selbst
- Angst vor Teenagern im Allgemeinen

Angst vor der Zukunft

Noch nie hat es in unserer Gesellschaft für Kinder und Teenager so viele Gefahren gegeben. Früher hatte die enge und erweiterte Familie die Kinder mehr unter Kontrolle. Heute haben viele junge Eltern das Gefühl, die Kontrolle an unsichtbare Kräfte zu verlieren, die ihren Kindern schaden könnten. Natürlich haben sie Angst. Sie haben keine Erfahrung in der Erziehung und versuchen einen Weg durch einen verwirrenden Irrgarten zu finden; sie versuchen ein Spiel zu gewinnen, in dem die Umstände gegen sie zu sein scheinen. Sie wollen das Beste für ihre Kinder tun, haben aber Angst, es nicht zu schaffen.

Wenn Sie zu diesen „jüngeren Eltern" gehören, entweder durch Ihr Alter oder das Alter Ihrer kleinen Kinder, überlegen Sie, ob Sie nicht ältere und erfahrenere Eltern um Hilfe bitten sollten. Eltern, die ihre Kinder zu verantwortungsbewussten und zufriedenen Erwachsenen erzogen haben, verstehen, was jüngere Eltern wissen und tun möchten, um das Wohlergehen ihrer Kinder sicherzustellen. Die meisten sind bereit, Wege aufzuzeigen, die Ihnen helfen, Ihren Kindern alles zu geben, was sie brauchen, um sich gut zu entwickeln. Sie können Sie aber auch auf Fallen und Gruben aufmerksam machen, die Sie meiden sollten. Sie wissen, dass Sie sich keine groben Fehler leisten können – Sie müssen es gleich beim ersten Mal richtig machen. In unserer Kultur gibt es nur selten eine zweite Chance.

Angst vor dem Verhalten des Kindes, die zu Nachsichtigkeit oder autoritärem Verhalten führt

Eltern haben bei der Erziehung ihrer Kinder viele Ängste, aber eine sehr folgenreiche ist die Angst vor dem Verhalten des Kindes und davor, es zur Ordnung rufen zu müssen. Darum lassen die Eltern ihren Kindern vieles durchgehen. Diese Eltern haben ihre Familie nicht unter Kontrolle. Wenn ein Kind sehr eigensinnig ist und sich einer Autoritätsperson gern widersetzt, können Kontrolle und Disziplin zu einem täglichen Albtraum werden. Das Kind übernimmt die Kontrolle und wird zunehmend eigensinnig. Die Verwirrung der Eltern nimmt zu.

In ihrer Angst werden viele Eltern zu nachsichtig. Das Verhalten des Kindes wird noch schlechter, während es unablässig (wenn auch indirekt) durch sein Fehlverhalten diese wichtige Frage stellt: „Liebst du mich noch?" Es wartet darauf, dass die Eltern es korrigieren. Es will wissen, dass sie es noch lieben und mit ihm in Kontakt stehen. An diesem Punkt scheint der Krieg verloren, weil ein Kind, dessen emotionaler Tank leer gelaufen ist, sich nicht mehr kontrollieren lässt.

In ihrer Frustration flüchten sich diese nachsichtigen Eltern dann aus Wut in die Bestrafung ihrer Kinder. Und schon sitzen sie in der Falle. Je mehr sie aus Zorn strafen, desto trotziger und zorniger wird ihr ungeliebtes Kind. Es kann seine Eltern dann manipulieren, und sie wiederum werden zunehmend frustriert und verhalten sich tyrannisch; oder sie geben aus Verzweiflung auf. Eine Erziehung aus der Angst heraus ist für alle Beteiligten sehr kummervoll und richtet großen Schaden an.

Andere Eltern reagieren auf ihre Ängste, indem sie sich sehr autoritär verhalten. Entschlossen, ihr Kind fest und unnachgiebig zu kontrollieren, legen sie übersteigerten Wert auf Disziplin. Sie meinen, so könnten sie das Verhalten ihres Kindes kontrollieren. Sie gehen davon aus, dass strenge Disziplin (Strafe) der Schlüssel zur Erziehung eines wohlerzogenen Kindes ist. Ihre Angst führt zu einer reaktiven Erziehung. Die Gefahren dieses Ansatzes haben wir bereits aufgezeigt. Eltern, die diese Methode anwenden, spannen den Karren vor den Esel. Sich auf Disziplin und Strafe zu konzentrieren, ohne sich zuerst um die Bedürfnisse des Kindes zu kümmern, führt dazu, dass Eltern und Kinder leiden. Ein Kind, das körperlich gestraft wird, kann sich nicht optimal entwickeln.

Unsere Angst vor dem Verhalten des Kindes wirkt sich auf seine Wahrnehmung aus. Das Kind spürt die Angst und die Unbeweglichkeit seiner Eltern. Manchmal spürt es vielleicht auch die Zuneigung, aber es weiß, dass diese Zuneigung nur auf einer von Bedingungen abhängigen Liebe beruht, die es nur dann bekommt, wenn es seinen Eltern gehorcht. Dem Kind fehlt die bedingungslose Liebe, die so wichtig ist, um zu wachsen und sich zu entwickeln. Die Überbetonung von Disziplin und Strafe beeinträchtigt die Fähigkeiten der Eltern, ihr Kind zu lieben und anzuleiten.

Die erste Reaktion auf Angst ist eine Lähmung, die die Eltern dazu bringt, zu nachsichtig zu werden. Die zweite Reaktion ist reaktive Erziehung. Dabei liegt die Betonung zu sehr auf strenger Disziplin. Wir sollten keinem der beiden Extreme folgen. Um das Kind zu einem ausgeglichenen Menschen zu erziehen, werden kluge Eltern die proaktive Erziehung anwenden und sich zuerst um die Bedürfnisse des Kindes kümmern. Und das wichtigste Bedürfnis eines jeden Kindes ist das Gefühl, geliebt zu sein.

Angst vor dem eigenen Kind

Die Angst vor dem Verhalten des Kindes und unsere Angst davor, es zur Ordnung zu rufen, führt zu einer Angst vor dem Kind selbst. Wir wissen nicht mehr genau, wie wir reagieren sollen. Das Kind ist anders als wir, und jedes Kind unterscheidet sich auch von den anderen Kindern. Wir möchten es bei jedem richtig machen, und doch scheint jedes unterschiedlich zu reagieren (zum Teil wegen seiner unterschiedlichen Persönlichkeit, aber auch abhängig davon, wie sehr es sich geliebt fühlt). Wir sagen uns manchmal: *Ich verstehe mein Kind nicht mehr, und wer weiß, was es als Nächstes anstellen wird.*

Unsere Angst vor heranwachsenden Kindern

Viele Menschen (auch Eltern) betrachten heute Teenager als unsensible, lieblose, respektlose Unruhestifter. Die Wahrheit jedoch ist, dass die überwiegende Mehrheit der Teenager wundervolle, gesunde Kinder sind. Sicher, einige von ihnen sehen recht seltsam aus. Sie zeigen ihre normale passive Aggression durch Hautpiercing, bunte Haare und anderen Schmuck. Sicher, sie haben vielleicht mit noch nie da gewesenen Problemen zu kämpfen, aber häufig sind diese Extreme nur Ausdruck ihrer tieferen Wünsche für ihr Leben, was ihnen fehlt und wonach sie sich sehnen – nämlich nach bedingungsloser Liebe. Sie wünschen sich eine bedingungslose Liebe, die so aktiv und liebevoll ist, dass sie ihnen Anleitung und Führung gibt.

Dies ist nicht die erste Generation von Teenagern, die die Herzen der Erwachsenen durch ihre provozierende Einzigartigkeit in Angst erstarren lässt. Erinnern Sie sich noch an die Jugendlichen der Sechziger und Siebziger mit ihren langen Haaren, den Friedenszeichen, Sandalen und ihrer seltsamen Sprache? Natürlich hatten sie auch ihre eigene Musik, genau wie die Teenager heute, die anscheinend nur ein Ziel verfolgen – ihre Eltern zum Wahnsinn zu treiben.

Sicher, manche Eigenarten der Teenager heute sind unangemessen und ungesund. Zu den extremen Formen von passiv-aggressivem Verhalten gehören Drogen, obszöne Liedtexte, wahllose und ungebundene Geschlechtsbeziehungen und mehr. Diese Verhaltensweisen sind für die jungen Leute nicht nur schrecklich, sondern auch gefährlich. Viele Menschen glauben, dass die jungen Leute von heute eine Krise durchmachen – nicht in ihrem ökonomischen oder körperlichen Wohlergehen, sondern in ihren Wertvorstellungen und ihrer Moral. Sie blicken voller böser Ahnungen und Zittern auf die Teenager von heute und betrachten sie als undiszipliniert, respektlos und unfreundlich.

Ein Grund, warum so viele Erwachsene die Teenager für unhöflich, grob und sogar gefährlich halten, ist die Art, wie die jungen Leute in den Medien dargestellt werden. Diese alarmierenden Bilder lassen uns die guten Hinweise auf die Einzigartigkeit bei so vielen Teens vergessen. Die Teenager heute brauchen wie keine Generation zuvor unsere Liebe und Unterstützung. Die Lösung für dieses Dilemma am Beginn des neuen Jahrhunderts ist dieselbe wie für die Kinder, die in den sechziger Jahren aufgewachsen sind: bedingungslose Liebe und Akzeptanz.

Ängste überwinden

Einige Menschen stellen die Unschuld der Kindheit über das normale Erwachen von Heranwachsenden. Das erstaunt mich. Es ist, als würden diese Erwachsenen annehmen oder hoffen, dass Kinder sich nie zu Teenagern weiterentwickeln. Die meisten Eltern praktizieren bei ihren kleinen Kindern die reaktive Erziehung und wundern sich dann, warum sie so viele Probleme mit ihnen haben, wenn sie zu Teenagern werden. Die Lösung kann sein, sich auf einen auf Beziehung ausgelegten, proaktiven Erziehungsansatz umzustellen.

Angst ist eine nicht zu unterschätzende Macht und kann Ihr Denken so verzerren, dass Sie in Ihrer Erziehung die Schwerpunkte falsch setzen. Sie kann Sie dazu bringen, zu nachsichtig oder zu streng zu sein, darum müssen Sie Ihre Angst überwinden, vor allem um Ihrer Kinder willen. Dies schaffen Sie am besten, indem Sie mit Ihren Kindern auf eine positive, proaktive Art umgehen und ihnen die Liebe, die Anleitung und den Schutz geben, die sie in jeder Phase ihrer Entwicklung brauchen. Wenn Sie so für Ihre Kinder sorgen, können Sie entspannen und sicher sein, dass Sie gute Eltern sind. Nur dann können Sie sich über Ihre Kinder wirklich freuen, und in einer solchen Umgebung können Ihre Kinder sich optimal entwickeln.

Die beste Umgebung für ein Kind ist ein Heim, in dem die Eltern entspannt sind, in dem eine friedliche, fröhliche und liebevolle Atmosphäre herrscht. Die Eltern haben ein gutes Gefühl bei ihrer Erziehung und sind davon überzeugt, dass ihre Kinder die beste Fürsorge bekommen. Und sie können sicher sein, dass ihre Kinder ihr Leben meistern werden.

Sorge und ein liebevolles Herz

Die Sorge ist eng mit Angst verwandt und wie Angst und Zorn ein Gefühl. Sorge hat sowohl eine gute als auch eine schlechte Seite.

Negativ gesehen ist Sorge die Angst vor der Zukunft. Positiv gesehen ist sie die Sorge um etwas oder für jemanden. Wir alle empfinden ein gewisses Maß an Sorge, einige von uns zu viel und andere zu wenig.

Ein Mensch mit einem zu großen Sorgengeist ist in vielen Bereichen gehemmt. Fast immer ist er unsicher und leidet unter Minderwertigkeitskomplexen. Ihm fällt es schwer, sich vor anderen kompetent, ausgeglichen und selbstsicher zu geben. Gleichzeitig ist er vielleicht ein sehr liebevoller Mensch, je nachdem wie viel positiver oder negativer Sorgengeist bei ihm zu finden ist. Wenn er zu negativ ist oder sich um die Zukunft sorgt, empfindet er Unbehagen. Ist er sehr positiv, wirkt sich dies in seiner Fürsorge für andere aus. Diese beiden Dinge gehen in der Regel Hand in Hand.

Zwar ist es schlimm, sich von Sorgen verzehren zu lassen, doch noch viel schlimmer ist es, sich überhaupt nicht zu sorgen. Menschen, die sich nicht sorgen, empfinden auch kein Mitgefühl. Solche Menschen kennen den Unterschied zwischen falsch und richtig, aber es ist ihnen egal. Sie können sich nur auf ihre eigenen selbstsüchtigen Wünsche konzentrieren, ohne sich um das Wohlergehen anderer zu kümmern. Sie sehen, dass Sorge eine Mischung aus Segen und Fluch ist. Wenn in der Bibel von der Sorge gesprochen wird, ist die negative Seite angesprochen, der übergroße Sorgengeist. Die folgenden Bibelstellen sind besonders bekannt:

Darum sage ich euch: Sorgt nicht um euer Leben, was ihr essen und trinken werdet; auch nicht um euren Leib, was ihr anziehen werdet. ... Trachtet zuerst nach dem Reich Gottes und nach seiner Gerechtigkeit, so wird euch das alles zufallen. Darum sorgt nicht für morgen, denn der morgige Tag wird für das Seine sorgen. (Matthäus 6,25.33-34)

Sorgt euch um nichts, sondern in allen Dingen lasst eure Bitten in Gebet und Flehen mit Danksagung vor Gott kundwerden! Und der Friede Gottes, der höher ist als alle Vernunft, bewahre eure Herzen und Sinne in Christus Jesus. (Philipper 4,6-7)

Eine gesunde Ausgewogenheit

Als Eltern brauchen wir Ausgewogenheit. Unsere Kinder auch. Als Eltern möchten Sie, dass Ihre Kinder so wenig wie möglich negativen Sorgengeist empfinden, und doch sollen sie zu empfindsamen und liebevollen Menschen heranwachsen. Eine gesunde Ausgewogenheit ist nur selten zu finden – ein liebevoller und mitfühlender Mensch, der sich nicht von Sorge und Angst überwältigen lässt. Dieser Mangel an Ausgewogenheit hat zum Verfall unserer Gesellschaft beigetragen. Während die Menschen sich immer mehr Gedanken um die Angelegenheiten ihres Lebens machen, kümmern sie sich immer weniger um andere. Auch können normal mitfühlende Menschen beinahe gelähmt sein gegenüber den Problemen des Lebens, weil sie von so vielen Tragödien hören und doch nichts tun können, um zu helfen.

Wie können wir sicherstellen, dass unsere Kinder ausgeglichener sind, dass sie ihren Sorgengeist unter Kontrolle haben und doch anderen Menschen gegenüber nicht abstumpfen? Wir müssen zuerst ihre emotionalen Bedürfnisse erfüllen und sie dann in liebevoller Art anleiten. Natürlich gehört auch dazu, dass Sie ein Kind einmal bestrafen müssen.

Wenn ein Kind keine bedingungslose Liebe erfährt, kann es keine positive Sorge entwickeln, also kein liebevolles Herz. Wenn ein Kind gestraft wird, ohne dass zuerst sein emotionaler Tank gefüllt wurde, entwickelt es einen negativen Sorgengeist und ein Unbehagen vor dem Leben und der Zukunft. Ein Kind mit einem ausgeprägten Willen, das zu wenig geliebt und zu viel bestraft wird, wird dazu neigen, *jegliche* Sorgen zu unterdrücken.

Nur indem Sie Ihrem Kind geben, was es braucht, können Sie sicher sein, dass es eine gesunde Ausgewogenheit empfindet.

Depressionen bei Kindern

Viele Kinder heute leiden unter Depressionen. Vor fünfzehn Jahren kam das relativ selten vor, zum Teil auch, weil diese Krankheit nur selten als solche diagnostiziert wurde. In den letzten Jahren jedoch ist ein alarmierender Anstieg zu verzeichnen.

Konsequenzen und Ursachen für Depressionen

Ein beängstigender Aspekt dieser zunehmenden Anfälligkeit für Depressionen bei Kindern ist die Frage, wohin sie führen können. Neue Studien zeigen, dass junge Leute, die Depressionen oder einen krankhaften Sorgengeist entwickeln, besonders anfällig sind für Drogen- oder Alkoholmissbrauch. Und Depressionen können zu Selbstmord führen. Die Selbstmordrate von Kindern und Jugendlichen hat sich in Amerika zwischen 1950 und 1995 vervierfacht.

Fast alle unter Depressionen leidenden Kinder werden von einem krankhaften Sorgengeist geplagt. Studien belegen, dass die Kinder heute diese Welt als viel beängstigender empfinden als wir früher. Kinder aus allen sozialen Schichten erleben Symptome ernster Depressionen in viel höherem Maß als jede andere Generation in der modernen Geschichte.

Größere körperliche Isolation ist ebenfalls der Grund dafür, dass Kinder häufiger unter Depressionen leiden. Kinder sind früher in großen, eng verbundenen Familien aufgewachsen. Und die Großeltern waren zum Trösten und zur geistlichen Anleitung da. Die Kinder sind heute häufiger allein. Der Individualismus ist kein guter Puffer gegen die Niederlagen, die wir alle hinnehmen müssen.

Unter Depressionen leidende Kinder unterscheiden sich von ihren Altersgenossen sehr deutlich:

- Oft sind ihre Eltern geschieden oder tragen zu Hause viele Konflikte aus.
- Unter schweren Depressionen leidende Kinder werden von Lehrern als sozial weniger geschickt eingeschätzt als ihre Altersgenossen. Dies ist auch ihre eigene Einschätzung. Sie missverstehen neutrale Situationen als Zurückweisung, und das macht sie scheu und veranlasst sie, sich zurückzuziehen.
- Unter Depressionen leidende Kinder glauben, ihre schlechten Erfahrungen wären auf ihr eigenes Verschulden zurückzuführen. Sie suchen den Grund dafür in sich selbst und nicht in veränderbaren Verhaltensweisen oder Zuständen.
- Bei Teenagern erkennen wir einen starken Zusammenhang zwischen Stress und Depressionen.

Depressionen bei Jungen und bei Mädchen

Wenn ein Teenager mäßig bis sehr stark deprimiert gewesen ist und das Gefühl hat, es nicht mehr länger zu ertragen, wird er versuchen, seinem Elend und Kummer ein Ende zu bereiten. Das aus dieser Depression entstehende Verhalten wird bezeichnet als „Handeln aus der Depression heraus". Es gibt viele Möglichkeiten für einen Teenager, aus seiner Depression heraus zu handeln.

Jungen werden oft gewalttätiger als Mädchen. Sie versuchen vielleicht, ihre Symptome durch Diebstahl, Lügen, tätliche Auseinandersetzungen oder durch kriminelles Verhalten zu lindern. Diese Verhaltensweisen werden nur selten bemerkt oder als Symp-tome für eine Depression erkannt. Dies ist einer der Hauptgründe dafür, dass Depressionen bei Jungen so selten diagnostiziert werden.

Bei Mädchen tritt eine Depression häufiger ab elf Jahren auf, und in den folgenden vier Jahren nimmt ihr Auftreten rapide zu. Mit achtzehn leiden doppelt so viele Mädchen unter Depressionen wie Jungen. Studien haben gezeigt, dass Mädchen mehr bei Problemen verweilen als Männer. Frauen sind im Erwachsenenalter also viel anfälliger für Depressionen.

Mädchen machen sich mehr Sorgen als Jungen, vor allem über Dinge, die sie wenig oder nicht kontrollieren können, wie zum Beispiel ihr Aussehen, Familienprobleme, Gewicht und Beliebtheit.

Schwierigkeiten bei der Identifikation einer Depression

Da Depressionen die Ursache für so viele andere Probleme sind, die sie verschleiern können, sind Depressionen an sich häufig sehr schwer zu erkennen. Jedoch werden sie heutzutage weit häufiger identifiziert als früher, was zu einem häufigeren Gebrauch von Antidepressiva führt.

Kindheitsdepressionen entwickeln sich langsam und allmählich. Auf Grund ihrer vielen Ursachen und Auswirkungen sind sie sehr vielschichtig. Wenn ein Kind Probleme in der Schule hat, denkt man in der Regel erst zuletzt daran, dass Depressionen die Ursache dafür sein können. Dies ist besonders frustrierend, wenn das Problem des Kindes durch etwas Bestimmtes verursacht, aber durch die Depression noch verstärkt wird. Dies macht die Behandlung der eigentlichen Ursache beinahe unmöglich, wenn nicht zuerst die Depression behandelt wird.

Ein Kind hat vielleicht durch ein neurologisches Problem verursachte Lernschwierigkeiten, die aber durch die Depression noch verstärkt werden. Nachdem alle akademischen Möglichkeiten ausprobiert wurden und fehlgeschlagen sind, wird die Depression gelegentlich entdeckt und behandelt, aber das ist selten. Ist sie erst behoben, lassen sich auch die Lernschwierigkeiten behandeln.

Eine Kindheitsdepression ist schwer zu erkennen, weil ihre Symptome sich in der Regel von der Depression eines Erwachsenen unterscheiden. Kinder zeigen vielleicht die typischen Symptome eines Erwachsenen wie eine länger andauernde Traurigkeit und Reizbarkeit, aber da sie oft nicht in der Lage sind, ihre Gefühle in Worte zu fassen, wird ihre Depression häufig als normales kindliches Verhalten missverstanden.

Oft werde ich von ängstlichen Eltern angerufen, die mir mitteilen wollen, dass sich ihr Kind normal verhält, gesund aussieht, aber irgendwie nicht mehr so ist wie früher. Es scheint manchmal aus keinem ersichtlichen Grund betrübt zu sein. Vor kurzem erzählte mir eine liebevolle Mutter von ihrer elfjährigen Tochter, die sich meistens normal verhielt. Ab und zu sagte sie jedoch Sätze wie: „Wenn ich mir die Nachrichten ansehe, habe ich das Gefühl, dass alles so schlimm wird. Manchmal frage ich mich, ob es sich lohnt, weiterzumachen." Dieses Mädchen hatte tatsächlich leichte Depressionen. Nach einer kurzen Behandlung mit leichten Antidepressiva und einer Gesprächstherapie konnte sie wieder zu einer positiven Einstellung zu ihrem Leben zurückfinden.

Denken Sie daran, dass eine Depression bei jedem Kind auftreten kann, sogar bei Kindern in idealen Lebensumständen. Dies gilt vor allem für sensible Kinder, die die vielen deprimierenden Einflüsse in unserer Welt spüren. Und durch die abendlichen Nachrichten- und Unterhaltungssendungen bringt das Fernsehen die meisten davon unseren Kindern zu Bewusstsein. Kluge Eltern sollten ihre Kinder möglichst vor der Konfrontation mit diesem deprimierenden Material bewahren. Setzen Sie ihr Kind lieber positiven Einflüssen aus.

Eine Depression erkennen und behandeln

Symptome einer Depression

Alle Eltern müssen eine Kindheitsdepression verstehen, da sie die Entwicklung eines Kindes in vieler Hinsicht beeinflussen kann. Wir haben aufgezeigt, wie schwierig es ist, eine Depression bei Kindern zu erkennen; trotzdem gibt es viele Hinweise, die auf eine Depression schließen lassen. Häufig sind Lernschwierigkeiten das erste Anzeichen dafür. Der Grund dafür ist, dass sich die meisten Symptome einer Depression auf die Leistungen in der Schule auswirken.

Nachfolgend einige dieser Symptome. Wenn ein Kind mehrere dieser Symptome zeigt, ist eine Depression nicht auszuschließen.

1. *Verkürzte Konzentrationsspanne.* Eine Depression kann sehr leicht mit einer Konzentrationsstörung verwechselt werden. Häufig leiden Kinder mit einer Konzentrationsstörung tatsächlich auch unter einer Depression. Darum kann eine Depression dieselben Symptome zeigen wie eine Konzentrationsstörung oder diese noch verstärken. Bei einem solchen Krankheitsbild muss in den meisten Fällen die Depression zusammen mit anderen Faktoren der Störung behandelt werden. Die Depression kann jedoch schwere Lernschwierigkeiten hervorrufen.

2. *Eingeschränkte Konzentration.* Ein Kind, das sich leicht ablenken lässt, kann sich die anstehende Aufgabe nicht merken.

3. *Tagträumen.* Die Gedanken des Kindes wandern ab und ziehen sich in Fantasien zurück. Das Kind wird noch unaufmerksamer.

4. *Langeweile.* Wenn ein Kind sich immer mehr in Tagträume flüchtet, kann es nicht mehr aufpassen und verliert allmählich das Interesse an Dingen, die es früher gern getan hat.

5. *Eingeschränkte Energie.* Eltern nehmen häufig an, dies habe mit zu wenig Schlaf, zu viel Aktivität oder einer leichten Krankheit zu tun. Eine Depression kann die Energie eines Kindes und sein Interesse am Umgang mit anderen sehr stark beeinträchtigen.

6. *Fehlverhalten.* Dieses Symptom wird in der Regel auf die unterschiedlichsten Ursachen zurückgeführt, nur nicht auf eine Depression. Ungeachtet der zu Grunde liegenden Ursache, kann eine Depression Fehlverhalten sehr leicht noch verstärken. Schlechtes Benehmen auf Grund eines leeren emotionalen Tanks wird zum Beispiel ganz natürlich von der daraus folgenden Depression verstärkt. Typische Beispiele dafür sind Störung des Unterrichts, Aggressivität gegenüber

Altersgenossen und regressives Verhalten, wie zum Beispiel Bettnässen oder Babysprache.

7. *Über einen längeren Zeitraum andauernde Traurigkeit,* die über eine normale Reaktion auf schlechte Nachrichten oder beunruhigende Ereignisse hinausgeht. Seltsamerweise ist dieses Symptom häufig nicht vorhanden, nicht einmal mitten in einer Depressionsphase.

8. *Zorn.* Sie sind vielleicht überrascht zu erfahren, dass eine Depression Zorn hervorruft. Und sie kann ein bereits bestehendes Problem durch Zorn verstärken. Wann immer ein Kind Probleme mit Zornesausbrüchen hat, sollte eine Depression als Ursache in Betracht gezogen werden.

9. *Sorgen.* Wenn sich ein Kind von Sorgen zerfressen lässt, kann eine Depression nicht ausgeschlossen werden. Sorgen können ein Kind zwar anfällig machen für eine Depression, aber die Depression bringt ein Kind auch dazu, sich über Gebühr zu sorgen. Bei Menschen aller Altersgruppen gibt es einen sehr starken Zusammenhang zwischen einem Sorgengeist und Depressionen.

10. *Zurückziehen.* Das Kind zieht sich von anderen zurück, auch von den Schulfreunden. Es isoliert sich immer mehr.

Ihre wichtige Rolle

Ob Sie es nun mit Angst, Sorgengeist oder einer Depression zu tun haben, Sie müssen sich bewusst machen, dass Sie den größten Einfluss auf Ihre Kinder haben, in jedem Alter. Wir wissen, dass die Eltern deprimierter Kinder in der Regel Schuldgefühle bei ihren Sprösslingen hervorrufen, dass sie kontrollierend, zurückweisend oder desinteressiert sind. Eine solche Einstellung und ein solches Verhalten wollen Sie doch sicher vermeiden.

Es ist wichtig, den emotionalen Tank Ihres Kindes gefüllt zu halten, die Anleitung und den Schutz zu geben, die es so dringend braucht, und zu erkennen, wann und wie Sie es nach und nach in immer größere Unabhängigkeit entlassen. Egal was andere Ihnen raten, Ihr Einfluss auf das Leben Ihrer Kinder ist besonders wichtig. Sie haben die Macht und die Verantwortung, Ihre Kinder vor den negativen und ungesunden Einflüssen der Gesellschaft zu schützen und ihnen zu geben, was sie besonders brauchen. Niemand sonst kann in ihnen die Grundlage für ein glückliches und sinnvolles Leben legen.

9. Ihr Kind motivieren

Eltern stellen mir häufig die Frage: „Wie kann ich mein Kind motivieren?" Sie stellen die richtige Frage, da Motivation mit zu den wichtigsten Faktoren gehört, die darüber bestimmen, wie gut sich ihr Kind entwickelt.

Zwar hoffen wir, dass unsere Kinder von sich aus motiviert sind, dass sie ihre Aufgaben mit wenig oder sogar ohne Drängen der Eltern erledigen, doch wir wissen, dass das nicht immer so ist. Auf der anderen Seite hoffen wir, dass unsere Kinder uns nicht mit ihren endlosen Entschuldigungen wegen nicht erledigter Aufgaben verrückt machen.

Die meisten Kinder liegen irgendwo zwischen diesen beiden Extremen. In manchen Bereichen sind sie vermutlich stärker motiviert als in anderen. Ihr persönliches Maß an Motivation hat etwas zu tun mit ihren natürlichen Begabungen und auch mit ihrer persönlichen Einstellung. Es kann durch ihren Gesundheitszustand und ihre Energie beeinflusst sein und ganz sicher spielt ihre Erziehung eine Rolle dabei.

Motivation ist ein sehr vielschichtiges Thema, das Eltern unbedingt verstehen sollten. Denn die Motivation ist nicht nur Sache ihrer Kinder. Es stellt sich auch die Frage, *wie* sie motiviert werden – auf gesunde oder ungesunde Weise. Alle Kinder sind motiviert, aber wir möchten, dass sie durch die richtigen Dinge auf die richtige Art und Weise angeregt werden.

Motivation

Die Erkenntnis, wie Sie Ihr Kind motivieren können, wird Ihnen nicht in einem Crash-Kurs vermittelt. Sie müssen zuerst begreifen, inwiefern Kinder auf natürliche Weise motiviert sind, und welchen

Einfluss Sie als Eltern darauf haben können, sie richtig zu motivieren.

Bewusste und unterbewusste Motivation

Wir alle verfügen über eine *bewusste* und eine *unterbewusste Motivation*. Wir erkennen bei unseren Kindern die positive Motivation in ihrem Wunsch, anderen freundlich und rücksichtsvoll zu begegnen. Eine solche Motivation entsteht durch gute Erziehung, durch die die Kinder ein gesundes Selbstwertgefühl und Selbstbewusstsein entwickelt, sowie Liebe und Respekt von anderen erfahren haben. Negative unterbewusste Motivation können wir beobachten, wenn ein Kind den Wunsch hat, andere, vor allem Autoritätspersonen, zu verärgern, indem es sich weigert zu tun, was von ihm erwartet wird. Dies ist passiv-aggressives Verhalten.

Die meisten Menschen haben die Vorstellung, ihr Leben sei durch rationale, durchdachte und bewusste Entscheidungen bestimmt. Ich wünschte, das wäre so! Die Wahrheit ist jedoch, dass der Verlauf des Lebens und die bewussten Entscheidungen, die ein Mensch trifft, im Großen und Ganzen von unterbewussten Motiven bestimmt werden. Da ein Mensch sich dieser Motivation nicht bewusst ist, nimmt er natürlich an, er würde seine Zukunft durch rationale Gedankenprozesse bestimmen. Bis ... bis zu dem Tag, an dem er tief verwirrt aufwacht und sich fragt, wie er an den Punkt gekommen ist, an dem er sich gerade befindet. Er überdenkt die Ereignisse der vergangenen Jahre und versucht herauszufinden, wie sich sein Leben so hat entwickeln können.

Einige unterbewusste Motive sind genetisch beeinflusste Charakterzüge – wie zum Beispiel Schüchternheit oder ein offenes Wesen. Der größte Teil ist jedoch bestimmt durch Erfahrungen in den ersten Lebensjahren. Und auf diese unterbewussten Motive haben die Eltern den größten Einfluss. Sie bestimmen sehr stark unser Fühlen und Denken und unsere Entscheidungen: zum Beispiel, wo wir leben wollen, wen wir heiraten werden, den Beruf, den wir ergreifen, die Freunde, die wir uns suchen, und die Aktivitäten, an denen wir teilnehmen.

Wir alle treffen unbewusste Entscheidungen. Einige sind gut, andere nicht ganz so gut. Je mehr positive unterbewusste Motivationen wir haben und je weniger negative, desto besser ist es, denn wir werden dann unser Leben besser unter Kontrolle haben. Und wir werden unseren Kindern positive Motivation vermitteln wollen.

Wünsche und Einstellungen

Wir wissen jetzt, dass die Eltern eine wichtige Rolle bei der Motivation des Kindes spielen. Die stärkste Motivation ist der Wunsch des Kindes. Wenn ein Kind etwas Bestimmtes tun oder haben möchte, ist es motiviert. Das ist gut, solange der Wunsch angemessen ist. Natürlich möchten die Eltern, dass die Wünsche des Kindes so positiv wie möglich sind. Aber wenn das Kind etwas tun oder haben möchte, das nicht angemessen ist, müssen die Eltern es dazu bringen, trotz seiner Gefühle das Richtige zu tun.

Ist Ihnen schon einmal aufgefallen, wie viel Motivation mit Gefühlen zu tun hat? Meine Frau Pat ist ein sehr positiv eingestellter Mensch. Sie ist in fast allen wichtigen Bereichen hoch motiviert. Es macht ihr Freude, anderen Menschen zu helfen, ihnen zu dienen, bestimmte Pflichten zu übernehmen, Projekte in Angriff zu nehmen. Sie ist verlässlich und gibt bei allem, was sie tut, ihr Bestes. Darum ist sie als Organisator so gefragt, und darum werden ihr auch gerne andere wichtige Aufgaben wie Elternbeirat in der Schule oder Seelsorge in der Gemeinde übertragen. Pats Wunsch und ihre Motivation, sich für einen guten Zweck einzusetzen, kommen von innen heraus. Sie wartet nicht bis zur letzten Minute und verlässt sich auch nicht darauf, dass sie unter Druck gut arbeitet. Sie ist in der Lage, Aufgaben rechtzeitig zu bewältigen, weil dies eine angenehme Erfahrung für sie ist.

Ich dagegen bin nicht so motiviert. Ich brauche den Druck, um etwas anzufangen, und dann macht es mir häufig keinen Spaß, weil der Druck mir zu viel wird. Ich habe Angst, meine Aufgabe nicht gut zu erledigen. Dies setzt mich noch mehr unter Druck. Zum Glück sind unsere drei Kinder in dieser Hinsicht Pat sehr ähnlich. Das Leben ist viel angenehmer für Menschen, die ihre Pflichten im Leben als etwas Positives empfinden. Für die Menschen, die sich zwingen müssen, ihren Verpflichtungen nachzukommen, kann das Leben zur Last werden. Dies ist heutzutage keine Seltenheit, denn der Mehrheit der Menschen fällt es schwer, ihre Verpflichtungen zu erfüllen, weil sie in der Kindheit durch übermäßigen Druck, Belohnungen, Drohungen, Strafe oder Schuldgefühle motiviert wurden. Ihnen ist niemals beigebracht worden, sich von der Freude über eine gut erledigte Aufgabe motivieren zu lassen. Sie reagieren viel eher auf selbstsüchtige Motivationen.

Diese beiden Menschentypen unterscheiden sich durch ihr Maß an Optimismus. In seinem Buch *Emotionale Intelligenz* schreibt Daniel Goleman sinngemäß:

Optimismus bedeutet, die starke Erwartung zu haben, dass die Dinge im Leben im Allgemeinen gut werden, trotz Rückschlägen und Niederlagen. Bei der Hoffnung ist es ähnlich. Vom Standpunkt der emotionalen Intelligenz aus ist der Optimismus eine Haltung, die die Menschen davor bewahrt, angesichts von Problemen in Hoffnungslosigkeit oder Depression zu versinken. Und wie bei der Hoffnung, dem verwandten Gefühl, gibt es beim Optimismus hohe Dividenden (vorausgesetzt natürlich, es handelt sich um einen realistischen Optimismus; ein naiver Optimismus kann katastrophale Folgen haben).
Optimistische Menschen führen ein Versagen auf etwas zurück, das geändert werden kann, damit sie das nächste Mal Erfolg haben, während Pessimisten die Schuld am Versagen auf sich nehmen und sie einer Charaktereigenschaft zuschreiben, die sie nicht ändern können.

Die Erfahrung bestimmt im Großen und Ganzen unsere Einstellung zum Leben, wenn auch ein Grund für eine positive oder negative Haltung das Temperament sein kann. Wir können es lernen, optimistisch zu sein, wenn wir kompetent werden bei den Herausforderungen, denen wir uns stellen. Die Einstellung der Menschen zu ihren Fähigkeiten wirkt sich sehr stark auf diese Fähigkeiten aus. Menschen, die Dinge selbstbewusst angehen, werden weniger Rückschläge erleben; sie überlegen, wie sie die Dinge handhaben können, anstatt sich Gedanken darüber zu machen, was schief gehen kann.

Motivation durch das eigene Vorbild

Da die Erfahrungen des Lebens sich so entscheidend auf unsere Motivation auswirken, ist es wichtig, in welcher Umgebung die Kinder aufwachsen. Als Eltern sind Sie der bestimmende Faktor dieser Umgebung. Die Art, wie Sie Ihr Leben meistern, wird Ihre Kinder lehren, richtig motiviert zu sein.

Wenn Ihre Kinder Sie als entspannten, fröhlichen, engagierten, freundlichen und beständigen Menschen erleben, dann werden sie Ihnen nacheifern. Wenn sie erleben, dass Sie sich über ihre Aufgaben beklagen und sie so lange wie möglich aufschieben, werden sie diesem Beispiel folgen.

Ihr Vorbild hat einen großen Einfluss auf Ihre Kinder, darum werden Sie sicherlich das tun wollen, was Ihre Kinder dazu bringt, diesem Vorbild zu folgen – ihnen Ihre Liebe zeigen. Je mehr sie Ihre bedingungslose Liebe spüren, desto eher sind sie bereit, Ihrem Vorbild nachzueifern. Je mehr sie sich durch bewusste und positive Erfahrungen des Lebens motivieren lassen, desto weniger können negative, unterbewusste Motivationen ausrichten.

Viele Jahre lang arbeitete ich bei einem Projekt mit, das zum Ziel hatte, Lehrern und Erziehern zu zeigen, wie sie den emotionalen Tank der Kinder gefüllt halten können. Eine Erzieherin machte mich zum Beispiel auf einen Dreijährigen aufmerksam, der unter

Angstzuständen litt, weil er emotional vernachlässigt worden war. Ich bat sie, sich mit dem Kind an einen Tisch zu setzen und ihm etwas zu zeigen. Dann sollte sie das Kind in den Arm nehmen und ihm etwas zeigen, und dabei gelegentlich Blickkontakt zu ihm aufnehmen. Fast ausnahmslos zeigte das Kind mehr Interesse, wenn es im Arm gehalten wurde. Es verstand besser und schien mehr zu lernen. Was war passiert? Das Kind konnte besser lernen, wenn seine emotionalen Bedürfnisse erfüllt wurden. Die Tatsache, dass diese Bedürfnisse erfüllt wurden, besänftigte die Ängste und steigerte sein Gefühl der Sicherheit und Zuversicht. Dies ermöglichte es dem Kind, besser zu lernen.

Wenn so etwas bei einem kurzen Kontakt mit einer Erzieherin geschehen konnte, wie viel mehr kann in einer Familie mit liebevollen Eltern erreicht werden.

Unterbewusste Motivation und Gewalt

Die Schießereien in den Schulen Amerikas vor einiger Zeit haben mich alarmiert, doch es beunruhigt mich genauso, dass niemand diese Art der Tragödie zu verstehen scheint. Selbst Fachleute ziehen alles Mögliche aus dem Hut und schieben die Schuld den Eltern und der Gewalt in den Medien in die Schuhe. Aber das ist für mich nicht logisch. In Japan und Hongkong gibt es viel mehr Gewalt in den Medien als bei uns. Viele Kinder leben in einem viel schlimmeren Umfeld und haben viel schlimmere Eltern als die Jugendlichen, die in der Schule Schüsse auf ihre Schulkameraden und Lehrer abgegeben haben. Selbst die Sicherheitsleute in den Schulen sagten, viele andere Jugendliche seien viel größere Unruhestifter als die Täter. Wo liegt also die Antwort?

Sicherlich gehören alle genannten Gründe zum Gesamtproblem, doch die zu Grunde liegende Ursache, der tatsächliche Auslöser, ist die *unterbewusste Motivation*; in diesem Fall Zorn. Der Schlüssel zum Verständnis der Vorgänge im Gehirn der Schützen ist die Antwort auf die Frage, wie junge Menschen mit Zorn umgehen.

Ohne Anleitung zum richtigen Umgang mit dem Zorn kann es schließlich zur Katastrophe kommen.

Die Jugendlichen, die die Gewalttaten in öffentlichen Schulen begangen haben, waren offensichtlich negativen Einflüssen ausgesetzt und nicht angeleitet worden, richtig mit ihrem Zorn umzugehen. Als Jugendliche erlebten sie natürlich ihre normalen passiv-aggressiven Phasen und ließen ihren Zorn auf eine primitive Art heraus. Doch oberflächlich gesehen wirkten sie so normal, dass niemand misstrauisch wurde und sich veranlasst sah, etwas dagegen zu unternehmen.

Einige der Jugendlichen, die sich auffällig zurechtmachen und verhalten, leben auf diese Weise ihre passiv-aggressiven Impulse aus. Die Schützen hatten ihren Zorn verborgen, in gewisser Weise sogar vor sich selbst. Sie waren nicht bewusst, sondern unterbewusst motiviert. Ein Mensch muss unterbewusst motiviert sein, um sich so extrem zu verhalten wie diese Jugendlichen. Eine solche Barbarei ist ohne das irrationale und unlogische Argumentieren von unterbewusstem Zorn nicht möglich. Wenn wir nicht lernen, die Vielschichtigkeit dieser unterbewussten Motivationen zu verstehen, werden wir als Gesellschaft niemals in der Lage sein, in der richtigen Weise damit umzugehen.

Das Verhalten eines Kindes kontrollieren

In Kapitel 3 haben wir über fünf Möglichkeiten der Verhaltenskontrolle gesprochen. Zwei davon sind positiv, zwei negativ und eine ist neutral. Es ist wichtig, dies im Blick zu behalten, weil angenehme Gefühle der beste Motivator sind – falls die angenehmen Gefühle das Kind dazu anleiten zu tun, was richtig ist. Aus diesem Grund sollte die Anleitung so positiv und angenehm wie möglich sein. Und ebenfalls aus diesem Grund sollte der Umgang mit dem Kind nicht von Strafe bestimmt sein.

Dieses wichtige Konzept der Verwendung positiver Mittel zur Verhaltenskontrolle ist genau das Gegenteil von dem, was von manchen christlichen Fachleuten gelehrt wird. Wenn Ihr Umgang mit Ihrem Kind in erster Linie negativ bestimmt ist, wird Ihr Kind schließlich unterbewusste Motivationen entwickeln, um genau das Gegenteil von dem zu tun, was Sie ihm beibringen wollen. Wenn Ihr Umgang mit Ihrem Kind jedoch in erster Linie positiv bestimmt ist und Sie Ihr Kind anleiten, wird es den unterbewussten Wunsch haben, Ihnen zu gefallen. Es bekommt eine positive unterbewusste Motivation.

Wie sehr wünschte ich, alle Eltern würden dies begreifen! Der Mangel an Verständnis ist einer der wichtigsten Gründe, warum viele Kinder aus anscheinend guten christlichen Elternhäusern mit ernsten, lebenszerstörenden Problemen zu kämpfen haben. Ihre Eltern meinen es in der Regel gut, doch sie haben sich von christlichen Büchern und Fachleuten beeinflussen und zu einer reaktiven Erziehung drängen lassen. Sie haben sich davon überzeugen lassen, negative Mittel zur Verhaltenskontrolle ihrer Kinder einzusetzen und es versäumt, in erster Linie die emotionalen Bedürfnisse ihrer Kinder zu erfüllen.

Reaktive Erziehung bringt mehrere Arten von negativer unterbewusster Motivation hervor. Dazu gehört auch das passivaggressive Verhalten. Diese feindliche Haltung Eltern, Autoritätspersonen und sogar Gott gegenüber ist fast immer auf diese Art der Erziehung zurückzuführen. Nur selten sind die Eltern in der Lage zu verstehen, wie sich eine solche Tragödie in ihrer Familie abspielen konnte. Sie haben ihre Kinder so erzogen, wie christliche „Experten" es ihnen gesagt haben. Die Kinder schienen sich in der frühen Kindheit gut zu entwickeln. Aber als sie älter wurden, wandten sie sich gegen jede Art von Autorität.

Reaktive Erziehung hat in manchen christlichen Familien zu schwerwiegenden Konsequenzen geführt. Die Eltern haben die eigentlichen Bedürfnisse ihrer Kinder missverstanden und ihre strenge, auf Disziplin und Strafe ausgerichtete Erziehung fortgesetzt, und mussten schließlich zusehen, wie ihre Kinder dann zu ihnen als Eltern, zu Autoritätspersonen und auch zu Gott auf Distanz gingen.

Verhaltenskontrolle und Motivation

Da die unterbewusste Motivation größtenteils durch unseren Umgang mit unseren Kindern beeinflusst wird, wollen wir uns noch einmal die fünf Möglichkeiten der Verhaltenskontrolle Ihres Kindes ansehen, über die wir bereits in Kapitel 3 gesprochen haben. Dieses Mal wollen wir Anleitung und Disziplin in Zusammenhang mit Motivation sehen.

- Bitten sind das positivste Mittel, Verhalten zu kontrollieren. Sie lindern den Zorn eines Kindes und lassen in dem Kind positive Gefühle entstehen. Eine Bitte sagt aus: „Ich respektiere deine Gefühle in dieser Sache." Eine Bitte sagt auch: „Ich respektiere deine Meinung zu dieser Angelegenheit." Und vor allem sagt sie dem Kind: „Ich bitte dich, dies zu tun, weil ich erwarte, dass du die Verantwortung für dein Verhalten übernimmst." Wenn Sie ein solches Fundament legen, helfen Sie Ihrem Kind emotional und psychologisch reif zu werden. Und Sie helfen Ihrem Kind, die Verantwortung für sein Verhalten zu übernehmen – ein Verhalten, das in unserer Kultur sehr kostbar ist.

- Ein Befehl ist ein negatives Mittel der Verhaltenskontrolle. Sicher, wenn Bitten nichts nützen, kommt man manchmal um einen Befehl nicht herum, aber es ist wichtig, sich bewusst zu machen, dass seine verbale Botschaft negativ ist. Befehle rufen in der Regel in einem Kind Zorn hervor, weil sie vermitteln: „Deine Gefühle oder deine Meinung in dieser Angelegenheit sind mir egal. Und ich rechne nicht damit, dass du die Verantwortung für dein Verhalten übernimmst. Ich erwarte nur, dass du tust, was ich sage." So etwas kann einen lang anhaltenden Groll in dem Kind entstehen lassen, da es Ihren Worten keine Liebe oder emotionale Unterstützung entnehmen kann. Wenn Sie nur Befehle erteilen, wird Ihr Kind nicht zu einem reifen Menschen heranwachsen können. Eltern, die andauernd Befehle erteilen, sollten sich überlegen, warum ihre Kinder nicht auf Bitten reagieren. Sie sollten sich zuerst einmal um den emotionalen Tank ihres Kindes kümmern.

- Sanfte körperliche Manipulation ist ein weiteres positives Mittel der Verhaltenskontrolle. Ein Kind wird sanft zu dem gedrängt, was es tun soll. Wenn dies mit Vorsicht geschieht, werden keine negativen Gefühle im Kind entstehen, wie das bei Befehlen und Strafe normalerweise der Fall ist. Körperliche Manipulation zeigt vor allem bei jüngeren Kindern Wirkung. Ein Teenager ist zum Beispiel so aufgebracht über etwas, dass man ihn am besten erst einmal aus dem Raum, in dem sich noch andere befinden, entfernt, damit er sich beruhigen kann, ehe Sie weitere Schritte unternehmen. Sie möchten Ihr Kind möglichst sanft aus dem Raum schaffen, das heißt, Sie müssen das Kind am Arm oder an der Schulter nehmen oder den Arm um es legen und es in die Richtung führen, die Sie sich vorgestellt haben. Während Sie sanften Druck ausüben, könnten Sie sagen: „Komm, wir gehen dort hinüber und setzen uns ein paar Minuten." Wenn Ihr Kind mit großzügigem Körperkontakt groß geworden und an eine Berührung gewöhnt ist, werden Sie mit sanfter körperlicher Manipulation gut zurechtkommen. Sind Sie erst einmal im anderen Zimmer angekommen, können Sie über das sprechen, was Ihr Kind so aufgeregt hat.

- Strafe ist ein besonders negatives Mittel der Verhaltenskontrolle. Wenn sie zu streng oder zu nachsichtig angewandt wird, wird die Motivation des Kindes negativ beeinflusst. Es wird kein Gefühl für Konsequenzen entwickeln und kaum motiviert sein, das Richtige zu tun. Wenn die Strafe zu streng ausfällt, wird das Kind sich darüber ärgern und vermutlich gegenüber Autoritätspersonen eine Abwehrhaltung entwickeln. Dies verringert die Möglichkeit der Eltern, in Zukunft positiv zu motivieren.

- Verhaltensmodifikation sollte als Mittel der Verhaltenskontrolle nur selten eingesetzt werden. Häufige Verwendung richtet die Aufmerksamkeit des Kindes auf Belohnungen aus. „Was ist für mich drin?" Wir erleben diese Haltung bei den jungen Leuten von heute, die nur haben und nicht geben wollen und die für jede Mühe eine Belohnung erwarten, wie klein sie auch sein mag. Eltern sollten Verhaltensmodifikation angemessen und selten einsetzen.

Negative unterbewusste Motivation

Um motiviert zu sein, braucht man Energie. Wenn die meiste Energie eines Kindes für negative unterbewusste Motivationen vergeudet wird, hat es nur wenig Energie, um sich positiv zu motivieren. Wenn aber Eltern ihrem Kind geben, was es emotional braucht, kann es positiv motiviert sein, Autoritäten anzuerkennen, anderen zu helfen, zu tun, was richtig ist und Verantwortung zu übernehmen. Es wird sich auch wünschen, ein Mensch mit gesunden Moralvorstellungen und Integrität zu sein und ein liebevoller, fürsorglicher Christ zu werden.

Bei all diesen positiven Ergebnissen sollte man annehmen, Eltern würden sich darauf konzentrieren, positive Motivationen zu vermitteln. Die traurige Wahrheit ist jedoch, dass viele Eltern zur Entstehung von unterbewusster negativer Motivation bei ihren Kindern beitragen. Vier der häufigsten wollen wir uns ansehen.

Passive Aggression

Passive Aggression ist das schlimmste unterbewusste Motiv, das ein Mensch haben kann. Egal welche Ziele und Träume ein Mensch hat, die passiv-aggressive Art des Umgangs mit dem Zorn wird dem direkt entgegenwirken. Ich bin der Meinung, dass dies das größte potenzielle Hindernis im Leben eines jeden Menschen ist.

Das Bedürfnis, den eigenen Wert unter Beweis zu stellen

Wenn ein Kind das Bedürfnis hat, seinen Wert unter Beweis zu stellen, um sich die Liebe seiner Eltern zu verdienen, ist es arm dran. Viele Kinder tun dies, um den Hunger in ihren Herzen nach der Liebe und Billigung der Eltern zufrieden zu stellen, egal wie lange sie leben. Es ist tragisch, dass die meisten Eltern ihre Kinder zwar lieben, aber nicht in der Lage sind, ihnen ihre Liebe zu zeigen. Ein Grund dafür ist, dass ihre Liebe von Bedingungen abhängig ist und sie die emotionalen Bedürfnisse ihrer Kinder nicht erfüllt haben. Wenn diese so wichtige Grundlage fehlt, lassen sich diese Kinder den Rest ihres Lebens von negativen und schädlichen Emotionen kontrollieren.

Schuldgefühle

Schuldgefühle als negative unterbewusste Motivation sind eine besondere Gefahr für Eltern, deren Kinder schüchtern, zurückhaltend und leicht zu lenken sind. Diese gefälligen Kinder sind leicht zu kontrollieren, weil sie das tiefe Bedürfnis haben zu gefallen. Wenn sie den Eindruck haben, Autoritätspersonen nicht zu gefallen, fühlen sie sich unzulänglich und schuldig. Eltern können dies leicht aufnehmen und unabsichtlich Schuldgefühle als Mittel der Kontrolle anwenden.

Dies ist ein gravierender Fehler, denn die Kinder entwickeln dann keine anderen Motive für ihr Handeln, sondern versuchen, sich vor den gefürchteten Schuldgefühlen zu schützen. Solche Kinder sind leichte Beute für stärkere und kontrollierende Menschen. Sie lassen sich leicht beeinflussen und sind nicht in der Lage, selbstständig zu denken. Sie sind offen für negative Einflüsse. Ihr Bedürfnis, anderen zu gefallen, kann verhindern, dass sie sich zu selbstbewussten und unabhängigen Menschen entwickeln.

Wenn Ihre Kinder immer nur den Wunsch haben, anderen zu

gefallen und sich schnell unzulänglich fühlen, seien Sie vorsichtig. Es ist Ihre Aufgabe, diesen Kindern ein Gefühl der Sicherheit zu geben, das auf Liebe und Angenommensein basiert. Dann können sie ihre von Natur aus wundervoll angelegten Charakterzüge entwickeln und zu liebevollen und mitfühlenden Menschen werden. Dann werden sie tun wollen, was richtig ist.

Druck

Druck ist eine andere Form der negativen Motivation, manchmal unterbewusst, manchmal auch bewusst. Eltern können sehr schnell Druck ausüben, damit ihre Kinder tun, was sie wollen. Manchmal kann dies notwendig sein, aber seien Sie vorsichtig. Ein solcher Druck kann sehr schädlich sein.

Druck bedeutet, die Kinder durch Drohungen zum Gehorsam zu zwingen. Dies kann durch *Missbilligung* geschehen, was vor allem für sensible Kinder schädlich ist, die die Anerkennung der Eltern suchen. *Zorn* ist fast immer ein Fehler. *Strafe oder Androhung von Strafe* ruft in den Kindern Angst hervor. Angst ist ein schlechter Motivator, weil sie die Kinder hemmt oder sogar lahm legt.

Eltern, die zu viel Druck ausüben, schädigen die Fähigkeit ihres Kindes zu tun, was sie von ihm wollen. Ein großer Hemmschuh der Menschen bei bestimmten Aktivitäten ist die Angst. Eltern wollen sicher nicht die Angst ihrer Kinder verstärken, indem sie permanent Druck auf sie ausüben.

Ein Kind auf das Lernen vorbereiten

Kinder haben einen angeborenen Hunger zu lernen, der sehr ausgeprägt bleibt, es sei denn, die Erwachsenen fangen an zu schlagen, zu großen Druck auszuüben oder sie auf andere Weise zu entmutigen. Wenn Sie kleine Kinder beim Spielen aufmerksam beobachten, stellen Sie fest, dass sie unablässig dabei sind, neue

Fertigkeiten zu erlernen. In jeder Phase ist ihr wichtigstes Lernmittel die Imitation von Erwachsenen. Aktivitäten, bei denen sie etwas Neues lernen, mögen sie am liebsten. Normalerweise möchte Ihr Kind lernen. Die Motivation ist bereits da.

Obwohl Kinder lernen wollen, müssen Eltern und Lehrer sich dieses wichtige Prinzip des Lernens bewusst machen: *Damit ein Kind gut lernen kann, muss es den emotionalen Reifegrad seiner bestimmten Altersstufe erreicht haben.* Emotionale Reife bedeutet die Fähigkeit, die Angst zu kontrollieren, dem Druck standzuhalten und auch während einer Zeit der Veränderung Ausgeglichenheit zu bewahren.

Kinder, die ausgehungert sind nach der Liebe und der Akzeptanz ihrer Eltern, werden kaum motiviert sein, sich der Herausforderung des Lernens zu stellen. Wenn sie bekümmert und ängstlich sind, oder wenn sie sich ungeliebt fühlen, werden sie vermutlich Konzentrationsprobleme bekommen und unter verminderter Energie leiden. Ganz bestimmt werden sie weniger motiviert sein, vor allem an Themen, für die sie kein großes Interesse zeigen.

Als Eltern sollten wir dafür sorgen, dass unsere Kinder bereit sind zu lernen. Wir tun dies, indem wir ihren emotionalen Tank gefüllt halten und sie liebevoll anleiten. Kinder, denen es emotional gut geht, verfügen über die nötige Konzentration, Motivation und Energie, um ihre Fähigkeiten voll einzusetzen.

Ihr Kind motivieren, die Verantwortung für die Hausaufgaben zu übernehmen

Bei der Entscheidung, wann Ihr Kind bereit ist, die Verantwortung für sich selbst zu übernehmen, müssen Sie sich das folgende einfache Prinzip in Erinnerung rufen: *Es ist unmöglich, dass zwei Menschen die Verantwortung für dieselbe Sache übernehmen.* Wenn Sie die Verantwortung für etwas übernehmen, kann es Ihr Kind nicht tun. Ihr Kind kann die Verantwortung erst übernehmen, wenn Sie es ihm gestatten. Sie ermöglichen Ihrem Kind, sich dieser Herausforderung zu stellen, nach und nach, wie es seinem Alter und seinen Fähigkeiten entspricht.

Die Hausaufgaben sind eine klassische Herausforderung für die meisten Familien. Solange Sie die Verantwortung für die Hausaufgaben übernehmen, kann und wird Ihr Kind es nicht tun. Folglich wird es nicht lernen, die Initiative zu ergreifen. Gestatten Sie Ihrem Kind, die Initiative zu ergreifen. Es gehört zum Anleitungsprozess, dass Sie allmählich immer mehr Verantwortung und Initiative an das Kind abgeben. *Wenn ein Kind die Initiative ergreift, übernimmt es Verantwortung. Wenn es Verantwortung übernimmt, ist es motiviert.*

Die meisten Kinder erleben Phasen, in denen sie sich weigern, ihre Hausarbeiten zu machen, vor allem in einer normalen passiv-aggressiven Phase der frühen Teenagerzeit. Selbst in dieser schwierigen Phase müssen Sie sich klarmachen, dass die Hausaufgaben im Verantwortungsbereich Ihres Kindes liegen. Sie können sagen, dass Sie ihm gern bei den Hausaufgaben helfen, wenn es Sie darum bittet. Und wenn das Kind Sie dann darum bittet, dürfen Sie die Arbeit jedoch nicht übernehmen, sondern müssen sie gleich wieder auf die Schultern des Kindes legen.

Wenn Ihr Kind zum Beispiel Probleme in Mathematik hat und Sie um Hilfe bittet, können Sie sich im Mathematikbuch ansehen, wo eine ähnliche Aufgabe erklärt wird und Ihr Kind darauf hinweisen. Wenn Sie Ihr Kind immer wieder auf die Quelle verweisen, wo es die Antwort selbst finden kann, lehren Sie es Initiative, Verantwortlichkeit, Selbstvertrauen und Motivation. Sie können auch vorschlagen, dass Ihr Kind den Lehrer um weitere Erklärung bittet, falls nötig.

Wenn Sie selbst sich zu sehr für die Hausaufgaben Ihres Kindes engagiert haben und die Verantwortung jetzt an Ihr Kind abgeben wollen, könnte es zu einer kurzfristigen Verschlechterung der Noten kommen. Die Fähigkeit Ihres Kindes, Verantwortung zu übernehmen und Selbstvertrauen zu entwickeln, ist jedoch für sein weiteres Leben sehr wichtig. Die Zeit, die dadurch frei wird, dass Ihr Kind immer weniger Ihre Hilfe in Anspruch nimmt, können

Sie nutzen, um sich gemeinsam mit Ihrem Kind mit anderen Bereichen zu beschäftigen, die Sie beide interessieren.

Hoch motivierte Menschen, die Initiative ergreifen und Verantwortung für ihr Handeln übernehmen, sind heute selten. Was für ein wundervolles Geschenk geben Sie Ihren Kindern mit, wenn sie die Fähigkeit haben, selbst für sich zu sorgen und nicht von anderen abhängig sein zu müssen. Die meisten Kinder erleben, dass Eltern und Lehrer die Initiative ergreifen und die Verantwortung für ihr Lernen übernehmen. Erwachsene tun dies, weil ihnen die Kinder wirklich am Herzen liegen und sie fälschlicherweise annehmen, sie müssten mehr für sie tun.

Natürlich werden normal entwickelte Kinder irgendwann gegen diese Art der Kontrolle rebellieren. Als Eltern müssen wir unseren Kindern helfen, im Laufe ihrer Entwicklung den Schritt von unserer Kontrolle zur Selbstkontrolle zu tun. Zwar wollen wir diesen Prozess nicht überstürzen und den Kindern zu viel Verantwortung aufbürden, bevor sie die nötigen Fertigkeiten und das Urteilsvermögen haben, doch wir wollen auch nicht den Fehler machen, dies lange hinauszuzögern. Wenn Eltern zu viel Kontrolle übernehmen, berauben sie ihre Kinder ihrer Kreativität, ihres Enthusiasmus und ihres natürlichen Wunsches zu lernen.

Ihr Kind in speziellen Interessengebieten motivieren

In Kapitel 7 haben wir über neue Erkenntnisse in der Entwicklung des Gehirns bei Kindern und Teenagern gesprochen. Dies ist besonders von Bedeutung, wenn Sie Ihre Kinder mit Neuem bekannt machen. Kinder wollen Dinge ausprobieren. Die Eltern sollten ihren Kindern helfen, gesunde Stimulationsquellen zu finden. Und manchmal schaffen sie es sogar, die Kinder vom Fernsehen wegzulocken.

Teenager entscheiden selbst darüber, worin sie einmal Experten sind: ob ihr Gehirn sich darauf spezialisiert, gut von böse zu unterscheiden, ein verantwortungsvoller Mensch zu werden oder ein

Experte für Computer- und Videospiele. In der Teenagerzeit wird nämlich das Gehirn verkabelt. Dann kommt es entscheidend darauf an, womit sich der Teenie beschäftigt. Wenn er den ganzen Tag vor dem Fernseher hockt, wird er ein Experte für Videospiele. Darum ist es so wichtig, dass ein Teenager möglichst viele Interessensgebiete hat.

Wie häufig hören wir Menschen darüber klagen, dass sie in der Teenagerzeit den Musikunterricht abgebrochen haben. Sie sagen: „Ich wünschte, meine Eltern hätten mich gezwungen weiterzumachen." Und doch ist es sinnlos, ein Kind zu etwas zu zwingen, das es nicht tun möchte. Dies haben viele Eltern leidvoll erfahren. Wie kann man denn nun ein Kind zu einem längerfristigen Engagement motivieren?

Nehmen wir einmal an, Sie möchten Ihr Kind für den Klavierunterricht motivieren. Sie müssen Geduld zeigen und auf kluge Weise seinen Appetit wecken. Sie möchten, dass Ihr Kind die Initiative übernimmt. Das schaffen Sie am besten, wenn Sie sich zusammen mit Ihrem Kind Klaviermusik anhören. Lassen Sie Ihr Kind den Wunsch zu spielen entwickeln und warten Sie dann darauf, dass es Sie bittet, Klavierstunden nehmen zu dürfen. Besser noch, warten Sie, bis Ihr Kind Sie anfleht, Klavier lernen zu dürfen.

Hat Ihr Kind den Wunsch, Klavierspielen zu lernen, können Sie so tun, als würden Sie ihm einen großen Gefallen erweisen – was ja auch tatsächlich so ist –, indem Sie seiner Bitte nachgeben. Dies ist der Zeitpunkt, wo Sie sich von Ihrem Kind das Versprechen geben lassen sollten, dass es regelmäßig übt. Später, wenn seine Begeisterung abnimmt, können Sie es sanft an sein Versprechen erinnern.

Nur wenn Sie Ihrem Kind die Initiative überlassen und ihm die Verantwortung für sein Tun übertragen, können Sie es zu einer längerfristigen Verbindlichkeit überreden. Wenn Sie die Initiative ergreifen, übernehmen Sie damit gleichzeitig die Verantwortung, und Ihr Kind wird es auf Dauer nicht tun. Hat Ihr Kind erst einmal die Initiative ergriffen und fängt mit dem Unterricht an, sind Sie in einer großartigen Position. Ihre Ermutigung und Ihr Lob sind dann sehr wichtig. Ihr Kind hat das Gefühl, dass Sie ihm nicht Ihren Willen aufzwingen.

Es ist klug, Ihrem Kind Gelegenheiten zu bieten, gesunde Interessen und eine Neugier auf Aktivitäten zu entwickeln, die ihm gut tun. Zeigt Ihr Kind erst einmal Interesse und ergreift die Initiative, haben Sie es am Haken. Es ist nicht mehr Ihre Sache. Der Versuch, ein Kind zu etwas zu drängen und dann Druck auszuüben, damit es weitermacht, wird fast immer fehlschlagen.

Sie müssen Ihr Kind ermutigen.

Während Ihr Kind seine Interessen entwickelt, achten Sie darauf, übermäßiges Lob zu vermeiden. Zu viel Lob kann dem Kind den Eindruck vermitteln, die Eltern würden die Verantwortung für sein Handeln übernehmen, und Sie wissen, was dann geschieht: Das Kind drückt sich vor der Verantwortung, vor allem wenn es älter wird. Auch kann es sein, dass ein Kind, das gern gefallen möchte, eine Abhängigkeit vom Lob anderer entwickelt und Probleme bekommt, wenn es nicht gelobt wird. Später kann es dazu kommen, dass das Kind sich mehr und mehr über das Lob ärgert und das Unternehmen als die „Sache meiner Eltern" betrachtet. Für das Kind muss es „meine Sache" sein. Lob sollte mit Vorsicht ausgesprochen werden, damit es dem Kind etwas bedeutet.

Mit Belohnungen ist es dasselbe. Es kann recht effektiv sein, wenn Sie Ihr Kind gelegentlich aus bestimmten Gründen belohnen. Aber das darf nicht zur Routine werden. Sobald das Kind anfängt, mit der Belohnung zu rechnen, lässt es sich nicht mehr davon motivieren.

Wenn Sie über Ihren Erziehungsstil nachdenken, stellen Sie vielleicht fest, dass Sie Ihren Kindern nicht genügend Anregung für die vielen Interessengebiete des Lebens geben. Oder Sie kommen zu dem Schluss, dass Sie zu viel für Ihre Kinder getan und sie daran gehindert haben, die Initiative zu ergreifen und die Verantwortung für sich zu übernehmen.

Die Motivation unserer Kinder erfordert Wissen und Mühe, vor allem in dieser schwierigen Zeit. Ich hoffe aufrichtig, dass Sie in die Praxis umsetzen werden, worüber wir in diesem Kapitel gesprochen haben. Sie werden sich diese Konzepte noch einmal ansehen und lernen müssen, Ihre Kinder auf die richtige Weise zu motivieren, aber das schaffen Sie bestimmt.

Es ist wichtig, die Kinder in der richtigen Weise zu motivieren, damit sie lernen, einmal angefangene Projekte durchzuziehen und anderen zu dienen. Mit der richtigen Motivation werden Ihre Kinder viele Kämpfe umgehen, und sie werden einen Schwung im Leben entwickeln, der ihnen sehr hilft.

10. Fragen und Antworten

Während der Arbeit als Familientherapeut habe ich zahllose Eltern erlebt, denen mein Erziehungsansatz beim Umgang mit ihren Kindern sehr geholfen hat. Sie haben neue und verstärkte Freude in den Beziehungen innerhalb ihrer Familie gefunden. Viele Väter und Mütter haben mich gefragt, was sie in ihrer Erziehung noch tun können, um die Beziehung zu ihren Kindern zu verbessern. In diesem Kapitel habe ich die häufigsten dieser Fragen aufgeschrieben. Vielleicht sind Ihnen beim Lesen dieses Buches ähnliche Fragen gekommen. Ich hoffe, die Antworten helfen Ihnen, wenn es Ihnen ein Anliegen ist, eine tiefe und bedeutungsvolle Beziehung zu Ihren Kindern zu entwickeln. Die Antworten werden Sie zu einer positiven, auf Beziehung ausgelegten Erziehung weisen, die aus Ihrem Kind einen verantwortungsbewussten Erwachsenen macht.

1. *Sie sagen, Körperkontakt sollte auch während der Teenagerzeit beibehalten werden, aber meinem Sohn scheint es unangenehm zu sein, wenn ich ihn berühre. Können Sie mir ein paar Ratschläge geben, wie ich diese Art der Berührung in den kommenden Jahren beibehalten kann? Ich bin ratlos.*

Ross: Suchen Sie nach Gelegenheiten, Körperkontakt mit Ihrem Sohn (oder Ihrer Tochter) im Teenageralter aufzunehmen, auch wenn sich der Teenager sehr zurückhaltend gibt. Nachfolgend ein paar Anregungen:

- Wenn etwas Lustiges passiert, zum Beispiel ein Witz gemacht wird oder Sie sich eine lustige Sendung im Fernsehen ansehen, dann klopfen Sie ihm auf die Schulter, wenn Sie gemeinsam lachen oder Ihren Kommentar abgeben.

- Wenn der Teenager aufgebracht ist und Trost braucht, können Sie ihm über den Rücken fahren.
- Wenn Sie ihm etwas Wichtiges mitzuteilen haben, vielleicht wenn er einen Anruf bekommt, auf den er lange gewartet hat, dann rufen Sie ihn nicht, sondern tippen Sie ihn an und lächeln ihm ermunternd zu.
- Wenn Sie Ihr Kind auf etwas aufmerksam machen wollen, zum Beispiel dass ein auffälliges Auto vorbeifährt, dann können Sie auf den Wagen deuten und gleichzeitig Ihre Hand auf seinen Arm legen. Auch wenn Sie durch einen Flur gehen, können Sie auf ganz natürliche Weise Körperkontakt aufnehmen.

Es ist nicht schwer, Gelegenheiten zu finden, auf natürliche Weise Körperkontakt zu einem Teenager aufzunehmen. Denken Sie daran, es ist nicht wichtig, ob er sich der Berührung bewusst ist, weil die Berührung auf jeden Fall über die neuralgischen Wege in seinem Gehirn zu seinem Hypothalamus gelangt, ob er die Berührung nun wahrnimmt oder nicht. Im Laufe der Zeit wird er sich an diese Berührungen erinnern und sie zu schätzen wissen (auch wenn er es nicht ausspricht).

2. Sie sagen, Eltern sollten versuchen, nicht in die Bestrafungsfalle zu tappen. Sie schlagen vor, sich mit dem Partner oder einem guten Freund zusammenzusetzen und sich eine gute Strafe für bestimmte Vergehen zu überlegen. Sollte das Kind dabei ein Wort mitzureden haben?

Ross: Wenn Ihr Kind noch zu klein ist, eine solche Entscheidung objektiv zu treffen, wäre es nicht richtig, das Kind bei der Festsetzung der Strafe mitreden zu lassen. Jedoch wird es dem Kind helfen, seine Fähigkeit des objektiven Denkens auszubauen, und es kann schließlich erkennen, warum eine Strafe notwendig ist. Auch wird es begreifen, dass die Strafe dem Vergehen angemessen sein muss. Wenn diese Voraussetzungen gegeben sind, kann das Kind allmählich an dieser Art von Entscheidung teilhaben. Doch als Eltern müssen Sie sich immer die Autorität bewahren, die endgültige Entscheidung zu treffen.

Wenn Ihr Kind zum Teenager wird, sollte sich die Kontrolle der Eltern allmählich in Vertrauen verwandeln. Privilegien und Freiheiten sollten abhängig sein von der Vertrauenswürdigkeit des Kindes. Wenn Ihr Kind noch klein ist, übernehmen Sie den größten Teil der Verantwortung für sein Verhalten. Doch je älter Ihr Kind wird und je mehr es nach Unabhängigkeit strebt, desto mehr muss es die Verantwortung für sein Verhalten selbst übernehmen. Als Eltern müssen Sie ihm helfen, diesen Übergang so problemlos wie möglich zu gestalten.

Die Vertrauenswürdigkeit Ihres Kindes und seine Fähigkeit, sein Verhalten zu kontrollieren, zeigt Ihnen, wie viel Entscheidungsfreiheit Sie Ihrem Kind zubilligen können. Bitte lesen Sie mein Buch *Teenager brauchen mehr Liebe*. Darin wird dieses Thema ausführlicher behandelt.

3. Warum treten Ihrer Meinung nach so viele Eltern in die Bestrafungsfalle?

Ross: Ein Grund dafür ist, dass in so vielen Büchern, Artikeln, Seminaren, Radiosendungen und Predigten die körperliche Bestrafung befürwortet wird, auch wenn dabei alle anderen Bedürfnisse des Kindes, vor allem sein Bedürfnis nach Liebe, übersehen wird.

Nur wenige Menschen setzen sich heute für ein Kind ein, aber viele fordern eine sofortige Bestrafung der Kinder für Fehlverhalten. Sie nennen dies Disziplin und empfehlen harte Formen der Behandlung als Antwort auf die Probleme der Jugendlichen.

Wie wir bereits in Kapitel 3 gehört haben, werden viele Bibelstellen missbraucht, vor allem Sprüche 29,15. Wir sollten uns bewusst machen, dass der Stecken in erster Linie ein Werkzeug des Trostes und der Führung war (Psalm 23,4) und nicht der Züchtigung.

Und schließlich verschweigen diese Befürworter der körperlichen

Bestrafung, dass Strafe manchmal auch sehr schädlich sein kann. Viele Eltern gewinnen in Vorträgen und Seminaren den Eindruck, körperliche Strafe sei im Umgang mit ihrem Kind sehr wichtig. Das ist traurig.

4. Sie sagen, Eltern hätten so viel Macht und Autorität. Wie können sie in ihren Reaktionen sanft sein und doch ihre Autorität behalten?

Ross: Sanftmut ist nicht gleich Schwäche. Sanftmut bedeutet, seine Autorität und Macht klug einzusetzen. Sanftmut übt unablässig die Autorität mit liebevoller Sorge um das Wohl des Kindes aus. Sanftmütig zu sein, bedeutet nicht, dass man zu nachsichtig ist. Als Eltern müssen Sie immer die Kontrolle behalten.

Jesus setzte seine Macht ein, um anderen zu helfen, nicht um seinem Missfallen Ausdruck zu verleihen oder seine Autorität zu zeigen. Die Sanftmut zu einem Teil der Erziehung zu machen, wird uns helfen, liebevoll mit unseren Kindern umzugehen; außerdem wird dadurch verhindert, dass wir unsere Macht als Eltern missbrauchen und in die Bestrafungsfalle treten.

Wenn Sie zornig sind, sich aber so weit zurückhalten können, dass Sie Ihr Kind nicht anschreien oder unfreundlich werden, das ist Sanftmut. Bleiben Sie freundlich aber fest bei der Demonstration Ihrer Macht. Behalten Sie die Selbstkontrolle und lassen Sie nicht Ihren Zorn an Ihren Kindern aus. Das ist Sanftmut.

Wenn unsere Kinder dann ins Teenageralter kommen, wird unsere sanftmütige Haltung uns vor viel Kummer und Schmerz bewahren, weil unsere Kinder bei uns diese Christus ähnliche Haltung beobachtet haben. Teenagern gegenüber werden Sie nicht mehr das Maß an kontrollierender Macht und Autorität haben, das Sie hatten, als die Kinder noch klein waren. Dann müssen Sie sich zunehmend auf Ihre von Liebe und Vertrauen bestimmte Beziehung verlassen. Wenn Sie sanftmütig reagiert haben, als die Kinder noch kleiner waren, werden Sie sich über die Ergebnisse während ihrer Teenagerzeit freuen.

5. Wie kann ich in dem Irrgarten der Ratschläge erkennen, ob wir bei der Erziehung unserer Kinder den richtigen Kurs eingeschlagen haben?

Ross: Wenn Sie sich Ihre Motive und Prioritäten, sowie die Atmosphäre in Ihrer Familie ansehen, können Sie erkennen, ob Sie den richtigen Weg eingeschlagen haben. Sie wünschen sich eine möglichst positive, angenehme und liebevolle Beziehung zu ihren Kindern. Gleichzeitig möchten Sie, dass die Kinder Selbstkontrolle entwickeln und lernen, angemessen zu handeln.

Um dies bei Ihren Kindern zu erreichen, müssen Sie ihnen zwei Dinge geben. Erstens, bedingungslose Liebe und zweitens liebevolle Anleitung. Leiten Sie sie mit allen Ihnen zur Verfügung stehenden Mitteln an und tun Sie dies in einer Art, die das Selbstwertgefühl Ihrer Kinder steigert. Hüten Sie sich davor, sie herabzusetzen oder zu verletzen. *Positive Anleitung zu gutem Verhalten ist viel wichtiger als Strafe für schlechtes Benehmen.*

Wenn Sie den Eindruck gewinnen, dass Ihr Umgang mit Ihren Kindern in erster Linie negativ ist, weil Sie permanent Grund zur Kritik haben, wird Ihnen klar werden, dass Sie Ihren Erziehungsansatz ändern und die Atmosphäre in Ihrer Familie verbessern sollten. Eine vorwiegend negative und auf Bestrafung ausgerichtete Erziehung wird negative Ergebnisse bringen. Ich weiß, dass Sie das nicht für Ihre Kinder wollen.

Ihre Kinder wollen sich mit Ihnen identifizieren. Machen Sie dies leicht und einladend für sie.

6. Ich wünschte, Sie würden die Zornesleiter eingehender erklären. Sind Sie der Meinung, dass ich nach Erreichen der obersten Stufe (freundlich sein, auf Lösungen bedacht) meinen Zorn richtig ausdrücke? Sollte mein achtzehnjähriger Sohn idealerweise die oberster Stufe dieser Leiter erreicht haben?

Ross: Diese Leiter ist eine Illustration von höchst vielschichtigen Verhaltensweisen in unserem Zorn. Den eigenen Zorn zu bewältigen, ist ein schwieriger und lebenslanger Prozess, den niemand von uns richtig zum Abschluss bringen wird. Darum ist es wichtig, dass wir unablässig aufsteigen in unserer Fähigkeit, reif mit unserem Zorn umzugehen.

Wenn ich sage, ich erwarte von meinen Kinder, dass sie mit etwa siebzehn Jahren richtig mit ihrem Zorn umgehen können, so meine ich damit, ich habe von ihnen erwartet, dass sie freundlich bleiben können, anstatt ihren Zorn in unfreundlichen Worten herauszulassen. Das bedeutet nicht, dass ihnen dies immer gelingt. Aber sie haben ein Verhaltensmuster entwickelt, auf das sie in jeder Situation zurückgreifen können

7. Ist Gewalt im Fernsehen tatsächlich so schädlich für ein Kind? Kann es nicht zwischen Fantasie und Realität unterscheiden?

Ross: Vor einiger Zeit ging die Geschichte von vier Jugendlichen durch die amerikanische Presse. Die Jungen schienen zu Hause und in der Schule ganz normale Kinder zu sein, doch sie hatten sich als „Herren des Chaos" zusammengeschlossen und begingen mehrere Gewalttaten in ihrer Stadt. Nach Brandstiftung, Vandalismus und Einbruch ermordeten sie schließlich einen Lehrer ihrer Schule.

Jetzt, fünf Jahre später, wurden die Jungen vom Fernsehen interviewt. In diesem Interview wurde sehr bald deutlich, dass sie nicht in der Lage gewesen waren, adäquat zwischen Fantasie und Realität zu unterscheiden. Sie verhielten sich genauso, wie sie es im Fernsehen und auf Videos regelmäßig gesehen hatten.

In Kapitel 6 habe ich davon erzählt, wie Kinder auf Fernsehsendungen reagieren. Die Kinder in dem genannten Versuch imitierten das, was sie gesehen hatten. Ihre Eltern, die sie dabei beobachteten, waren zuerst amüsiert, dann entsetzt über das, was passierte. Diese Demonstration dauerte nur ein paar Minuten. Stellen Sie sich den Einfluss auf Kinder vor, die sich regelmäßig Sendungen ansehen, in denen Gewalt ausgeübt wird.

8. *Das Internet bietet eine Reihe von guten Familienwebsites an, sowie wichtige Informationen für Kinder und Teenager. Doch ich kann nicht alles überwachen, was meine Kinder sich ansehen. Wie kann ich sie vor ungewollten und gefährlichen Websites schützen?*

Ross: Vielleicht lesen Sie nochmals meine Vorschläge dazu aus Kapitel 6. Überlegen Sie auch, den Computer an einen Ort zu stellen, wo er für jeden zugänglich ist.

9. *Sie haben gesagt, dass die Freunde Ihrer Kinder, als sie nach ihrem Lieblingsaufenthaltsort während ihrer High School Zeit gefragt wurden, Ihr Haus unmittelbar nach einem beliebten Lokal im Ort genannt haben. Was haben Sie getan, damit Ihr Haus zu einem so schönen Ort für Ihre Kinder und deren Freunde wurde? Welche Aktivitäten würden Sie empfehlen, die Teenager veranlassen könnten, ihre Freunde zu sich einzuladen, ohne dass sie Fernsehen oder Videofilme sehen?*

Ross: Meine Frau und ich haben schon früh angefangen, uns über die Teenagerzeit unserer Kinder Gedanken zu machen und in unserem Haus Platz geschaffen, damit unsere Kinder ihre Freunde gern mit nach Hause bringen. Zum Beispiel haben wir eine Tischtennisplatte im Hobbykeller aufgestellt und auch einen Billardtisch.

Als unsere Kinder älter wurden, habe ich mir die Zeit genommen, ihre Freunde und deren Eltern kennen zu lernen. Wir wollten so viel wie möglich über sie und ihre Probleme erfahren. Dies war leicht bei den Kindern, die zu unserer Gemeinde gehörten, aber wir mussten auch einen Weg finden, die anderen Kinder kennen zu lernen. Dies geschah vorwiegend bei Wettkämpfen und Schulveranstaltungen.

Als unsere Kinder dann zu Teenagern wurden, ließen wir sie spüren, dass wir ihre Freunde gern bei uns zu Hause hatten, wann immer das möglich war. Wir gaben ihnen das Gefühl, willkommen zu sein, indem wir sie nach Spielen und anderen besonderen Ereignissen bewirteten. Wann immer wir die Gelegenheit dazu hatten, unterhielten wir uns mit den Teenies. Weil wir Interesse für ihr Leben zeigten, erzählten sie uns mehr über sich. Selbst heute noch besuchen uns einige von ihnen, wenn sie in der Stadt sind. Viele von ihnen schicken uns ihren jährlichen Rundbrief mit persönlichen Notizen, um uns auf dem Laufenden zu halten. Wir haben die Freundschaft zu den Freunden unserer Kinder genossen.

Sie haben vielleicht ganz andere Wege gefunden, Ihr Heim zu einer Zufluchtsstätte für Ihre Kinder und deren Freunde zu machen. Seien Sie kreativ, aber achten Sie darauf, dass die Freunde Ihrer Kinder sich in Ihrem Haus wohl fühlen. Und seien Sie engagiert. Interessieren Sie sich für die Freunde Ihrer Kinder und zeigen Sie ihnen, dass Ihnen das Wohlergehen Ihrer Kinder und ihrer Freunde am Herzen liegt.

10. *Sie sagen, ein Kind, das sich nach Liebe und Annahme seiner Eltern sehnt, wird „wenig Motivation haben, sich den Herausforderungen des Lernens zu stellen". Wird ein Kind mit einem hohen Intelligenzquotienten oder ein sehr neugieriges Kind nicht trotzdem lernen? Was kann Liebe für seine Lernfähigkeit bewirken?*

Ross: Jedes Kind hat emotionale Bedürfnisse. Vor allem das Bedürfnis nach bedingungsloser Liebe muss erfüllt werden, damit das Kind gut lernen kann. Ein IQ ist keine festgelegte Größe. Während der Wachstumsphase und des intellektuellen Reifungsprozesses eines Kindes kann es mit einem abnehmenden IQ zurückfallen, falls es nicht die richtige emotionale Ernährung bekommt. Der Wachstumsprozess eines Kindes bezieht sich auch auf die emotionale Ebene. Verhungert es emotional, kann es zurückfallen und ein unreifer Mensch bleiben.

Bei der Neugier ist es ähnlich. Die Neugier eines Kindes wird zusammenschrumpfen und schließlich ganz absterben, wenn keine angemessene emotionale Nahrung da ist. Denn für die kindliche Neugier ist die emotionale Energie notwendig. Wenn ein Kind aber emotional unterernährt ist, reicht seine Energie nicht aus, um Interesse und Neugier wach zu halten. Auch gibt der Mangel an emotionaler Nahrung dem Kind das Gefühl, ungeliebt und unzulänglich zu sein. Dies wiederum verursacht Probleme wie Depressionen, Angst und ein niedriges Selbstwertgefühl. Und diese Probleme können zu gedämpfter Energie, Konzentrationsschwächen und verringerter Erinnerungsfähigkeit führen, Probleme, die das Lernen erschweren.

Kurz gesagt, die emotionale Gesundheit eines Kindes ist für das Lernen genauso wichtig wie sein IQ.

11. Inwiefern kann die emotionale Gesundheit eines Kindes das Lernen in der Schule beeinträchtigen?

Ross: Ich wünschte, mehr Verwaltungsbeamte der Schulbehörde würden die Bedeutung der emotionalen Gesundheit eines Kindes begreifen. Bei Lehrern ist dies ganz gewiss der Fall. Sie müssen Kinder unterrichten, die wegen eines emotionalen Mangels nicht bereit sind zu lernen und dem Lernstoff ihrer Alters- oder Klassenstufe nicht folgen können. Schlimmer noch, emotionale Unreife ist der Grund für Fehlverhalten und eine autoritätsfeindliche Haltung. In einer so schwierigen Situation arbeiten zu müssen, frustriert die Lehrer. Sie warten nur noch auf ihre Pensionierung.

Wir müssen Wege finden, unseren Lehrern zu helfen, dass sie nicht den Mut verlieren. Sie sind unsere große Hoffnung für Kinder, die zu Hause wenig Liebe und emotionale Nähe erfahren. Natürlich müssen wir auch Eltern helfen, dieses wichtige Bedürfnis ihrer Kinder zu erfüllen, aber es ist besser, zuerst unseren Lehrern zu helfen. Sie haben sich der Aufgabe verschrieben, mit Kindern zu arbeiten. Die überwiegende Mehrheit der Lehrer sind hoch motiviert. Ich finde es traurig zu sehen, wie sie oft demoralisiert und entmutigt werden. Häufig versäumen es die Eltern, ihre Kinder emotional auf die Schule vorzubereiten, doch den Lehrern wird die Schuld dafür zugeschoben, und sie empfinden den Druck,

Bildungsresultate bei Kindern erzielen zu müssen, die gar nicht bereit sind, ihrem Alter gemäß zu lernen. Wir müssen unsere Lehrer unterstützen, wann immer das möglich ist. Auf diese Weise helfen wir auch unseren Kindern.

12. Können Sie Tipps zur positiven Nutzung der Medien geben?

Ross: Es gibt noch immer viele gute Sendungen im Fernsehen, sowohl neue als auch ältere, zum Beispiel die klassischen Schwarzweißfilme. Wichtig ist, dass wir sie den Kindern zu Zeiten vorspielen, in denen sie fernsehen möchten. Ich schlage vor, gute Sendungen und Filme auf Video aufzunehmen. Mir gefallen vor allem TV-Shows, in denen ethische oder moralische Themen angesprochen werden. Viele der älteren Sendungen beschäftigen sich auf positive Weise mit Problemen des Lebens.

Eine gute Freundin von uns, Fredrica, ist Grundschullehrerin in Pensacola, Florida. Neulich hat sie uns eine bewegende Geschichte erzählt. Eine ihrer Schülerinnen, ein siebenjähriges Mädchen, hatte außergewöhnlich gute Manieren und verhielt sich Erwachsenen und anderen Kindern gegenüber auffallend rücksichtsvoll. Sie war überaus fürsorglich und in jeder Beziehung kooperativ.

Eines Tages sagte Fredrica zu diesem Mädchen: „Du hast so gute Manieren. Deine Eltern scheinen sehr darauf zu achten." Das kleine Mädchen antwortete: „Nein, ich versuche, mir die Manieren aus den Schwarzweißfilmen abzugucken."

Als Fredrica fragte, was sie damit meine, erklärte das Kind, ihr würde gefallen, wie die Menschen in den älteren Filmen miteinander umgingen, und sie versuchte, sich anderen Menschen gegenüber ebenfalls so zu verhalten. Fredrica war erstaunt, dass ein so kleines Kind sich von alten Schwarzweißfilmen so positiv beeinflussen ließ. Ja, Filme und Fernsehsendungen können, wenn sie sorgfältig ausgewählt werden, einen positiven Einfluss auf unsere Kinder ausüben.

13. Sollten Eltern mit ihren Kindern spielen?

Ross: Mit unseren Kindern zusammen zu spielen, zu lachen und Spaß zu haben, ist fantastisch. Wir machen gemeinsame Erfahrungen, schaffen Erinnerungen und kommen einander näher.

Für mich war es immer wichtig, mit meinen Kindern zu spielen. Wie sehne ich mich nach der Zeit, als ich mit meinen Söhnen und meiner Tochter Ball spielte, als wir Boot gefahren sind oder an einem regnerischen Tag Gesellschaftsspiele gespielt haben. Welche Freude haben wir miteinander erlebt und wie sehr haben sie davon profitiert, selbst wenn sie die Beherrschung verloren, weil sie zu müde waren oder das Spiel nicht gewonnen haben.

Wir alle erinnern uns gern an die Zeit, als wir noch miteinander gespielt haben. Weil wir damals miteinander gespielt haben, können wir auch jetzt noch miteinander spielen, wo wir alle erwachsen sind und der Kreis unserer Familie sich erweitert hat.

Epilog

Die christliche Hoffnung hängt nicht von dem ab, was die Welt uns antut. Sie zeigt sich in dem, was wir in der Welt tun als Reaktion auf Gottes große Liebe zu uns. Manchmal sehe ich Jesus beinahe vor mir, wie er herabsieht auf die Erde und uns zusammen mit so vielen Gläubigen vergangener Zeiten anfeuert (wie in Hebräer 12,1 beschrieben).

Das ist genau, was wir für unsere Kinder tun sollten. Wir sollten sie unterstützen, sie anfeuern. Dies ist die Botschaft der proaktiven Erziehung. Wir sind Vorbilder; wir sind Ratgeber. Eine Studie aus dem Jahr 1999 beschäftigte sich mit dem, was Kinder sich nach eigener Aussage für sich wünschen. Der erste Punkt war bedingungslose Liebe. Sie wünschten sich Eltern, die immer auf ihrer Seite stehen.

Diesen Wunsch nach bedingungsloser Liebe formulierten die Kinder ganz unterschiedlich:

„Geliebt werden, egal was ich tue."
„Mich meinen Eltern verbunden fühlen."
„Das Gefühl haben, dass meine Eltern mich so akzeptieren, wie ich bin."

Als Zweites wünschten sich die Kinder eine bessere Kommunikation mit ihren Eltern. Dazu gehörte ein intensiver Austausch. Sie hatten das Gefühl, dass viel zu viel Zeit auf oberflächliche Dinge vergeudet wird. Drittens wünschten sie sich mehr Zeit mit ihren Eltern. Nur selten bekamen sie die ungeteilte Aufmerksamkeit, die sie brauchten.

Die befragten Jugendlichen sagten auch, sie wünschten sich den Respekt ihrer Eltern. Kinder haben eine tiefe Sehnsucht nach der persönlichen Würde. Die muss zuerst von den Eltern respektiert werden.

Fünftens wünschten sie sich ein Ziel im Leben. Sie wollten den Sinn des Lebens erkennen. Junge Menschen heute suchen nach einem geistlichen Halt, und dies bringt sie dazu, in vielen unterschiedlichen Richtungen zu suchen.

Auffallend ist, dass diese fünf Wünsche die Sehnsucht der Kinder nach bedingungsloser Liebe und einem Ziel im Leben ausdrücken.

Außerdem sagten Kinder, die im Rahmen dieser Studie befragt wurden, sie wollten ihrer Familie emotional näher stehen. Sie fühlten sich von anderen Familienmitgliedern isoliert und wünschten sich ein stärkeres Gefühl der Zusammengehörigkeit, der Sicherheit und des Verständnisses. Sie wollten größere Loyalität innerhalb der Familieneinheit erleben.

Die größte Furcht vieler junger Menschen ist nach dieser Studie die Angst vor einer Scheidung der Eltern. Sie wünschen sich, dass ihre Eltern sich gegenseitig mehr Respekt und Liebe zeigen. Einige Kinder haben Angst vor Gewalt, Armut und Verlassenwerden. Viele leben mit einem Schmerz und einer Furcht, die im Zusammenhang mit ihren Eltern und anderen Familienmitgliedern steht.

Sie können nie wissen, wie Ihre Kinder auf solche Fragen reagieren. Aber Sie können dafür sorgen, dass Sie ihnen ein Heim und persönliche Beziehungen geben, die die tiefsten Bedürfnisse Ihrer Kinder erfüllen und ihnen eine angemessene Grundlage für die Zukunft mitgeben, wenn sie das Haus verlassen und in die Welt der Erwachsenen eintreten.

Das Ziel ist, unsere Kinder als reife Erwachsene aus unserer Obhut zu entlassen. Dieses Loslassen geschieht jedoch nicht abrupt wenn sie achtzehn oder einundzwanzig sind. Es geschieht ganz allmählich. Die Art unserer Erziehung, unserer Anleitung und des allmählichen Loslassens unserer Kinder entscheidet über Schmerz und Freude. Denn das Loslassen hängt genau wie die Anleitung sehr stark davon ab, dass wir unseren Kindern Tag für Tag unsere Liebe zeigen.

Wann immer sie uns verlassen, für ein paar Stunden, für eine Woche zu einer Freizeit, für ein Semester im College oder um sich in die Welt der Erwachsenen zu wagen, sollten sie die Liebe und Sicherheit mitnehmen, die wir in ihre Herzen eingepflanzt haben. Damit können sie einen angemessenen Reifegrad erreichen.

Liebe Eltern, wir wollen unsere Kinder auf den Tag vorbereiten, an dem sie reife Erwachsene werden. Wir wollen sie ermutigen, ihnen die Hoffnung geben, die unsere Kinder und Teenager so verzweifelt brauchen.

Ich garantiere Ihnen, Sie werden es als sehr lohnenswert empfinden, Ihren Kindern auf dem Weg zur Reife helfend zur Seite zu stehen, denn es ist, als würde man einer ausgedörrten Erde Wasser geben. Sie werden gedeihen können. Und während Ihre Kinder wachsen und gedeihen, werden sie auch andere anfeuern und ihnen Hoffnung geben können.

Diskussionsleitfaden

Kapitel 1

1. Inwiefern torpedieren Kräfte von außen, zum Beispiel die Schule, die Medien, die Gemeinschaft und sogar die Gemeinde, die Wertvorstellungen, die Sie Ihrem Kind vermitteln wollen? Inwiefern erschwert Ihnen dies Ihre Aufgabe als Eltern?
2. Haben Sie es von Zeit zu Zeit versäumt, Ihrem Kind die tiefe Liebe zu zeigen, die Sie für es empfinden? Und wenn Sie ihm diese Liebe zeigen, warum kommt sie nicht so rüber, wie Sie es beabsichtigt haben? Was sagt das über Ihre Beziehung aus?
3. Welchen Erziehungsstil bevorzugen Sie persönlich? Reagieren Sie nur auf das Verhalten Ihres Kindes oder erfüllen Sie sein Bedürfnis nach Liebe? Lebt die Beziehung zwischen Ihnen und Ihrem Kind vom gegenseitigen Geben und Nehmen?
4. In Maries Geschichte hatten die Eltern das fundamentale Bedürfnis ihres Kindes nach Liebe übersehen. Sehen Sie sich die vier Grundsteine effektiver Erziehung an. Haben Sie einen dieser Bereiche vielleicht vernachlässigt?
5. Haben Sie Belohnung und Strafe angewandt, bevor Sie die emotionalen Bedürfnisse Ihres Kindes oder seine Motive vorausgeahnt haben? Wie können Sie durch Ihre Reaktion Ihrem Kind mehr emotionale Nähe vermitteln?
6. Warum geraten Ihrer Meinung nach Kinder, die in einer gläubigen Familie aufwachsen und eine persönliche Entscheidung für Christus getroffen haben, auf die schiefe Bahn? Bringt Sie dies dazu, Ihren Erziehungsansatz in Frage zu stellen?

Kapitel 2

1. Auf welche Weise zeigen Sie Ihren Kindern, dass Sie sie lieben? Versuchen Sie je nach Altersgruppe mit ihnen im Gespräch zu blei-

ben, um herauszufinden, ob sie sich geliebt fühlen? Setzen Sie Ihre Einsichten in die Praxis um?

2. Denken Sie, ein Fundament aus bedingungsloser Liebe könnte verhindern, dass Sie entweder zu streng oder zu nachsichtig sind? Warum? Warum respektiert Ihr Kind Sie angesichts von Disziplinierung und Strafe mehr, wenn dieses Fundament gelegt ist?

3. Arbeiten Sie einen praktikablen Plan aus, um Ihrem Kind bedingungslose Liebe zu zeigen. Versuchen Sie herauszufinden, ob sein emotionaler Liebestank gefüllt ist, indem Sie seinen allgemeinen Zustand beobachten. Lesen Sie noch einmal die positiven Eigenschaften, die in dem Kapitel über einen gefüllten Liebestank genannt sind.

4. Körperkontakt kann auf gesunde Weise geschehen und bringt für Ihr Kind eine Reihe von Vorteilen. Erstellen Sie eine Liste von Umständen und Gelegenheiten, um ihm liebevolle Berührungen zu geben und ihm dadurch Ihre Liebe zu zeigen. Beziehen Sie die Bedürfnisse und Empfindlichkeiten Ihres Kindes mit in Ihre Überlegungen ein.

5. Blickkontakt und ungeteilte Aufmerksamkeit stehen in engem Zusammenhang miteinander und sind sehr wichtig für das Wohlergehen Ihres Kindes. Treffen Sie neu die Entscheidung, dies zu praktizieren. Ordnen Sie die Prioritäten in Ihrem Terminplan neu, damit Sie Zeit allein mit Ihrem Kind verbringen und sich auf seine Bedürfnisse konzentrieren können.

Kapitel 3

1. Beschreiben Sie die unterschiedlichen Motive für zu viel Nachsichtigkeit oder zu große Kontrolle. Welche Ängste liegen den unterschiedlichen Ansätzen zu Grunde? Wie könnte das Ergebnis jedes Extrems aussehen?

2. Obwohl Strafe die negative Seite von Disziplin ist, erwähnt der Autor eine Reihe von positiven Formen. Erklären Sie den größeren Wert von Beispiel, Lernerfahrungen und verbalen Anweisungen. Erstellen Sie einen Plan, um diese häufiger anzuwenden.

3. Denken Sie zurück an eine Situation, als Ihr Kind sich aggressiv oder rebellisch verhalten hat. Geht die Ursache für dieses Verhalten über einfachen Ungehorsam hinaus? Steckt ein unerfülltes Bedürfnis dahinter? Wie können Sie dieses Verhalten in der Zukunft besser analysieren?

4. Geben Sie wie viele Eltern häufig Befehle anstatt Bitten auszusprechen? Haben Sie manchmal das Gefühl, eine Bitte würde Ihre Autorität untergraben? Warum ist Sanftmut nicht mit Schwäche gleichzusetzen, und welche positiven Ergebnisse können Bitten haben, die Befehle nicht haben würden?

5. Schreiben Sie die positive und die negative Seite von Schlägen auf. Sehen Sie sich diese Liste an und überlegen Sie, wann Schläge bei Ihrem Kind tatsächlich angebracht waren.

Kapitel 4

1. Erinnern Sie sich an eine Entscheidung im Leben Ihres Kindes, die einiges Nachdenken erfordert, um zur richtigen Schlussfolgerung zu kommen. Bitten Sie Ihr Kind, seine Gefühle dabei auszusprechen und helfen Sie ihm, die Entscheidung durch seinen eigenen Denkprozess zu treffen. Sind die Wertvorstellungen und Prinzipien Ihres Kindes korrekt?

2. Wie haben Sie Ihrem Kind Integrität vermittelt? Hat es Begriffe wie Ehrlichkeit, zu seinem Wort stehen und Verantwortung übernehmen genau verstanden? Achten Sie darauf, dass Ihr Kind diese Begriffe auch in den praktischen Bereichen seines Alltags anwenden kann.

3. Viele von uns liefern Antworten und geben Befehle, aber wir lassen unsere Kinder nicht an den Denkprozessen teilhaben, die Grundlage unserer Erziehung sind. Wenn Sie das nächste Mal mit Ihrem Kind über Werte sprechen, lassen Sie es auch daran teilhaben, wie Sie zu Ihrer Überzeugung gekommen sind und hören Sie sich die Ansichten Ihres Kindes an (und sprechen Sie darüber).

4. Wie können Sie Ihr Kind loslassen, damit es seine eigenen Entscheidungen treffen kann? Sprechen Sie mit ihm über Konse-

quenzen und den Zusammenhang zwischen Verantwortung und Privilegien. Wie können Sie erklären, dass Ihre Richtlinien als Eltern dazu bestimmt sind, seine Unabhängigkeit zu fördern?

5. Denken Sie zurück an Situationen oder Ereignisse der vergangenen Woche, die ein gutes „Lehrbeispiel" für Ihr Kind sein könnten. Schreiben Sie auf, inwiefern diese Situationen zu Wachstum auf Seiten des Kindes hätten führen können. Welche Situationen könnten in der kommenden Woche auf Sie zukommen, und wie können Sie sich darauf vorbereiten, sie lehrhaft zu nutzen?

Kapitel 5

1. Was passiert, wenn Sie Ihrem Kind verbieten, seinen Zorn verbal zum Ausdruck zu bringen, oder andersherum, wenn Sie Ihren Zorn an Ihrem Kind auslassen? Wie können Sie den Zorn des Kindes *positiv* nutzen, um ihm zu helfen, reifer zu werden?

2. Was ist passiv-aggressives Verhalten? Warum ist es so schwer, die eigentliche Ursache dafür zu finden und zu begreifen?

3. Wie gehen Sie am besten mit dem Zorn Ihres Kindes um, um passiv-aggressives Verhalten zu vermeiden?

4. Zu welchen Extremen neigen Sie, wenn Ihr Kind zornig wird? Neigen Sie dazu, dem Konflikt aus dem Weg zu gehen oder gerät Ihr Zorn außer Kontrolle? Inwiefern führt dies wiederum zu falschen Reaktionen auf Seiten Ihres Kindes? Wie können Sie diesen Kreis unterbrechen?

Kapitel 6

1. Wissen Sie, wie lange Ihr Kind vor dem Fernseher oder dem Computer hockt? Wissen Sie, welche Filme es sich ansieht?

2. Welche Auswirkungen haben Fernsehen und Videofilme auf die Wertvorstellungen und die Weltsicht Ihres Kindes? Denken Sie an die unterschiedlichen Sendungen und Szenen, die positive oder negative Reaktionen bei Ihrem Kind ausgelöst haben. Was sagt dies über die Rolle der Medien in der moralischen Entwicklung Ihres Kindes aus?

3. Sehen Sie sich die Liste der Vorschläge für einen klugen Gebrauch von Fernsehen an. Welche davon wären akzeptable Alternativen zu den schädlichen Einflüssen des Fernsehens im Leben Ihrer Kinder? Nehmen Sie sich vor, im kommenden Monat drei dieser Möglichkeiten bei Ihren Kindern auszuprobieren.

4. Wenn Unstimmigkeit in Bezug auf die Programm- oder Filmauswahl herrscht, ziehen Sie in Erwägung, sich eine fragwürdige Sendung mit Ihren Kindern zusammen anzusehen. Können Sie den Inhalt diskutieren und zu einem besseren Verständnis des Standpunkts eines jeden Kindes kommen?

5. Erstellen Sie eine Liste mit wenigstens drei Büchern, Videos, Filmen oder Fernsehsendungen, die Ihrer Meinung nach die Werte vermitteln, die Sie an Ihr Kind weitergeben möchten. Sehen Sie zu, dass diese Vorschläge irgendwie mit der Welt Ihres Kindes im Einklang stehen. Dann kaufen oder leihen Sie sich diese Dinge für Ihr Kind aus, damit es sie lesen oder ansehen und mit Ihnen darüber sprechen kann.

Kapitel 7

1. Warum ist es unmöglich, Ihr Kind geistlich anzuleiten, wenn seine emotionalen Bedürfnisse nicht erfüllt sind? Kann Ihr Kind die Liebe Gottes erkennen, wenn es nicht regelmäßig von Ihnen Bestätigung erfahren hat?

2. Welche negativen Emotionen oder welchen Mangel an bestimmten positiven Emotionen muss Ihr Kind bewältigen, um die wundervolle Fürsorge Gottes für jeden Menschen besser zu begreifen? Sprechen Sie mit Ihrem Kind, wenn sich die Gelegenheit ergibt, über mögliche Hindernisse bei seinem geistlichen Wachstum.

3. Sprechen Sie mit Ihrem Kind über Ihre Gebete und andere geistliche Erfahrungen. Dies sollte in einer Sprache geschehen, die das Kind verstehen kann. Zeigen Sie ihm, dass Gott der Geber aller guten Dinge und die Grundlage Ihres Lebens ist. Wie können Sie erreichen, dass Ihre Erfahrungen wichtig werden für die Wünsche und Bedürfnisse Ihres Kindes?

4. Ihr Kind sollte wissen, was Sie für Ihr eigenes Leben und für die Menschen in Ihrer Umgebung erbitten. Sprechen Sie miteinander über bestimmte Gebetsanliegen? Fordern Sie Ihr Kind auf, mit Ihnen für gemeinsame Gebetsanliegen zu beten, auch wenn dies schwierig sein kann. Danken Sie Gott füreinander.

5. Ist Ihr Kind offen, Ihnen zuzuhören, wenn Sie interessant über die Bibel sprechen? Die Bibel ist sehr wichtig, um Ihrem Kind Trost, Freude, Hoffnung und eine Menge anderer Dinge zu vermitteln. Sprechen Sie mit ihm über die vielen Verheißungen, Gebete, Geschichten, Lehren, etc., die Gott ganz persönlich für es bereithält.

Kapitel 8

1. Der Autor weist darauf hin, dass einige ältere Eltern in der Lage sind, jüngeren Eltern bei schwierigen Problemen wie zum Beispiel der Teenagerdepression zu helfen. Versuchen Sie, sich mit etwas erfahreneren Eltern in Verbindung zu setzen und suchen Sie Rat für die Probleme Ihres Kindes, die Sie nicht so richtig verstehen.

2. Eine Depression kann in einer entspannten, fröhlichen, friedlichen, liebevollen und humorvollen Atmosphäre verhindert werden. Welche dieser Charakteristika sind in Ihrem Heim zu finden? Welchen Einfluss hat die An- oder Abwesenheit einer bestimmten Person auf die Stimmung und Selbsteinschätzung Ihres Kindes?

3. Definieren Sie den Unterschied zwischen negativer und positiver Angst. Welches sind die Nachteile eines jeden Extrems? Inwiefern kann positive Angst oder sogar positiver Stress Ihrem Kind helfen?

4. Warum ist es häufig so schwierig, eine Depression bei einem Kind zu erkennen? Sehen Sie sich die in diesem Kapitel aufgelisteten Symptome an, und wenn Sie bei Ihrem Kind auch nur die leisesten Anzeichen erkennen können, sprechen Sie mit Ihrem Partner und Ihrem Kind und gehen Sie der Sache auf den Grund. Sind Hinweise auf eine, wenn auch nur leichte, Depression zu finden?

5. Wenn wir an die vorher beschriebene positive Atmosphäre

denken, welche negativen Wörter, Haltungen und Einflüsse können aus Ihrer Familie und dem Bekanntenkreis entfernt werden, um die Depression Ihres Kindes zu lindern? Versuchen Sie, sich auch auf das zu konzentrieren, was Ihr Kind vielleicht herausfordert, was es freut und ihm auf Grund seiner einzigartigen Persönlichkeit gefällt.

Kapitel 9

1. Welches ist der allgemeine Motivationsgrad Ihres Kindes? Ist es energiegeladen und verantwortungsbewusst oder beklagt es sich und ist lethargisch? Welchen Einfluss haben seine Fähigkeiten und seine Einstellung auf seine Umgebung?

2. Manchmal missverstehen wir, was uns tatsächlich motiviert, weil wir die unterbewusste Motivation nicht erkennen. Fangen Sie bei sich selbst an. Gibt es bei Ihnen einige nicht so gute Motivationen für gutes Verhalten oder Ziele? Sprechen Sie mit Ihrem Kind darüber und helfen Sie ihm, die richtige Motivation herauszuarbeiten.

3. Warum haben Erwachsene, die in der Kindheit mehr auf Erfolg hin gedrängt worden sind, die Druck, Belohnungen, Drohungen, Strafe bekommen oder Schuldgefühle erlebt haben, besondere Schwierigkeiten in Bezug auf Motivation? Inwiefern können alle diese oben genannten Punkte manchmal bessere Leistungen verhindern? Welche Alternativen gibt es?

4. Warum ist die emotionale Reife in der Kindheit – der Umgang mit Angst, Stress und Veränderung – so notwendig für geistige Aktivitäten wie das Lernen? Inwiefern beeinträchtigt ein Mangel an Liebe oder Akzeptanz die Konzentration, Aufmerksamkeitsdauer und Energie?

5. Wenn Ihr Kind sich längerfristig für eine lohnenswerte Sache engagieren möchte, muss es selbst die Initiative ergreifen. Wie können Sie eine anregende Umgebung schaffen, damit diese Initiative entsteht und wachsen kann? Seien Sie sich darüber im Klaren, dass Ihr Kind sich anfangs vielleicht gegen etwas wehrt, das auf Dauer seinen Fähigkeiten und Begabungen entspricht.

Von unserem Erfolgsautor Gary Chapman liegt vor:

Die fünf Sprachen der Liebe für Teenager
Bestell-Nr. 330 488
ISBN 3-86122-488-7
256 Seiten, Paperback

Ihr Teenager braucht das Wissen, geliebt zu sein. Doch es ist gar nicht so leicht, Liebe zu vermitteln, denn jeder Mensch verbindet andere Gedanken und Gefühle mit diesem Begriff. Was also sind die Worte, die das Herz Ihres Teenies öffnen?

* Finden Sie den Schlüssel und lernen Sie, Ihre Liebe so auszudrücken, dass Ihr Teenager sie auch versteht.
* Entschlüsseln und lernen Sie die Sprache der Liebe, die Ihr Teenager spricht.
* Verstehen Sie, warum Heranwachsende anders geliebt sein wollten als die jüngeren Kinder.
* Entdecken Sie den Grund dafür, warum manche Teenager sich daneben benehmen.
* Erkennen Sie die besonderen Ansprüche, die eine gute Erziehung heute an Alleinerziehende und Patchwork-Familien stellt.
* Stillen Sie das elementare Bedürfnis Ihres heranwachsenden Kindes nach Liebe, indem Sie die Fünf Sprachen der Liebe lernen.

Weitere Bestseller von Gary Chapman:
Die fünf Sprachen der Liebe   ISBN 3-86122-126-8
Die fünf Sprachen der Liebe für Kinder   ISBN 3-86122-335-X

FRANCKE
Verlag der Francke-Buchhandlung GmbH